CHRISTIAN SAILE

MINI Origami

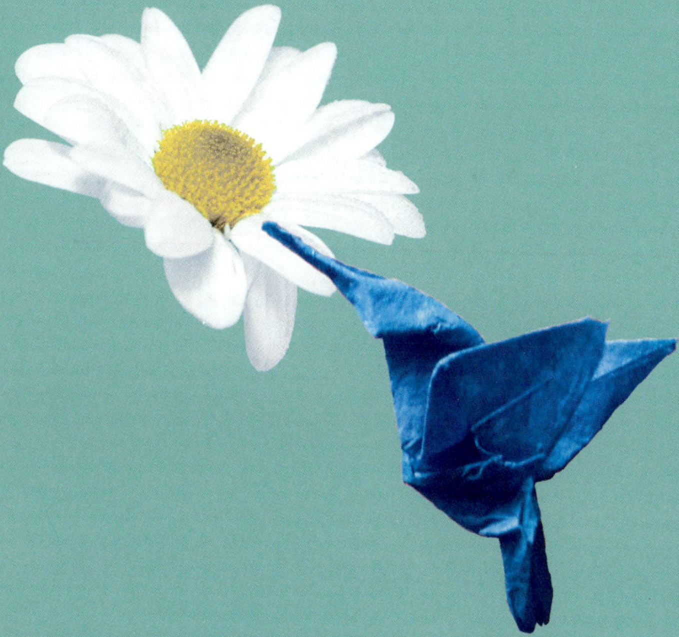

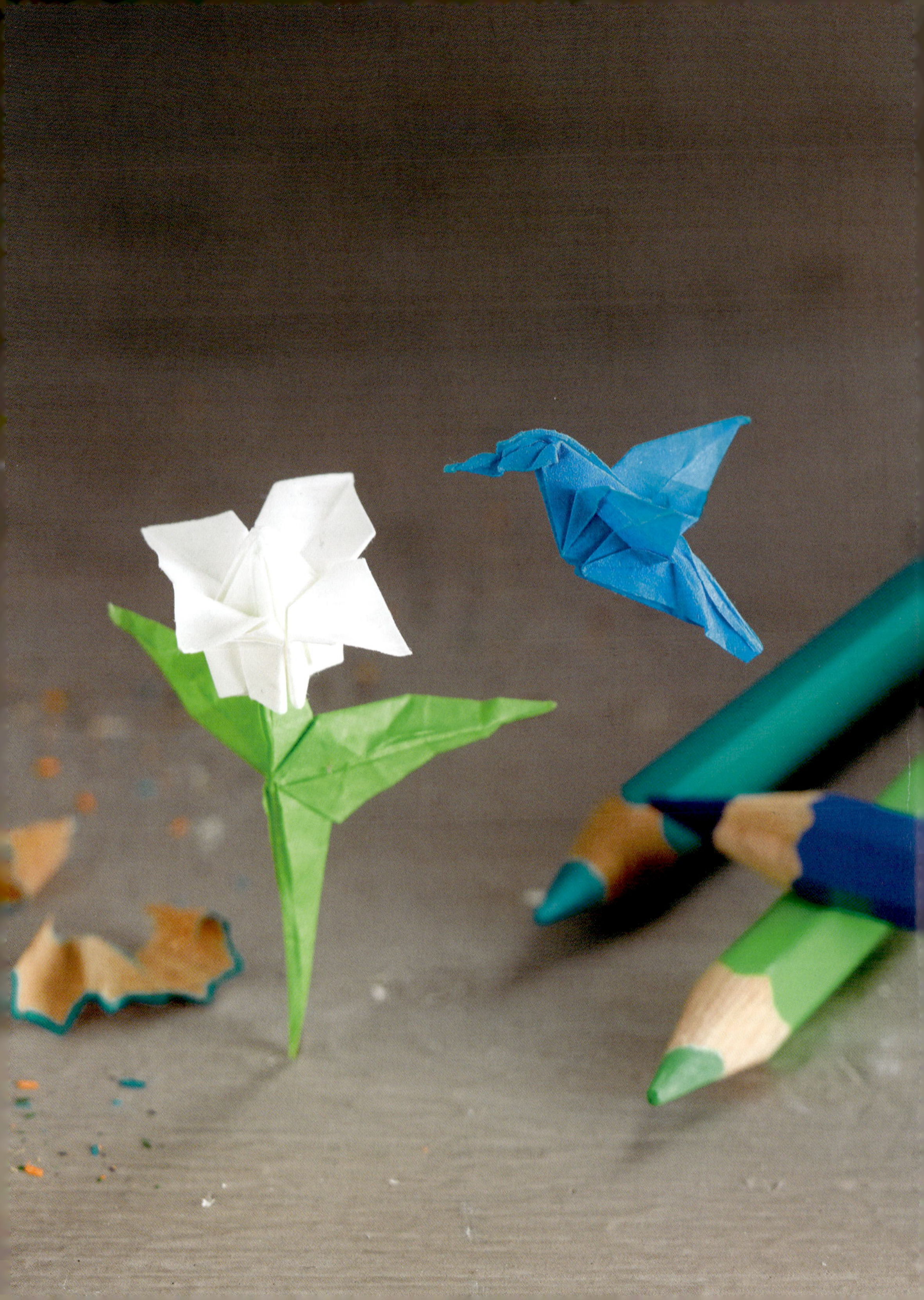

Kleiner geht immer!

Origami-Modelle im üblichen Papierformat von 15 cm x 15 cm gefaltet, kommen sicher immer gut an, aber welche „Ahs“ und „Ohs“ werden Sie zu hören bekommen, wenn Sie mit kleinen Miniaturen überraschen! So kann ein Mini-Boot auf einem Teelöffel schwimmen oder das Medaillon wird mit verblüffend kleinem Inhalt verschenkt – einfach faszinierend!

Trainieren Sie Ihre Faltkünste, indem Sie die Modelle nach und nach verkleinern. Je besser Sie die einzelnen Faltschritte beherrschen, desto einfacher wird es, die Figur auch im Kleinformat zu falten. Achten Sie darauf, dass das Papier für das Mini-Origami etwas dünner sein sollte als im Normalformat.

Und nun legen Sie einfach los und stellen sich der Herausforderung: Wessen Figur passt als Erstes auf eine 1-Cent-Münze oder kann in einer hohlen Walnussschale als Überraschung versteckt werden? Nehmen Sie die Aufgabe an?

Viel Spaß dabei wünscht

Christian Saile

Glückspilz

gar nicht giftig

MATERIAL
PRO PILZ

- 1 Blatt Duo-Color-Papier in Rot-Weiß, wahlweise 6 cm x 6 cm, 5 cm x 5 cm oder 3 cm x 3 cm

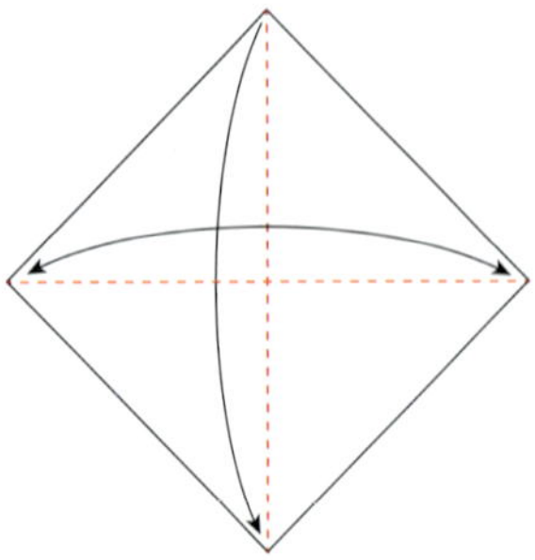

1 Die rote Seite des Papiers liegt unten. Falten Sie die angegebenen Talfalten und öffnen Sie alle wieder.

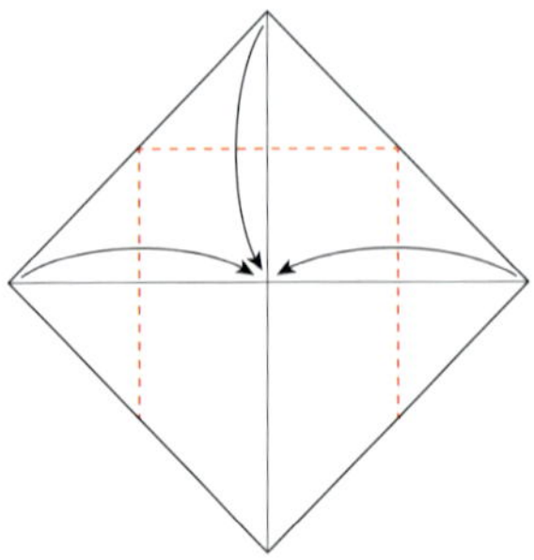

2 Legen Sie die rechte, linke und obere Spitze zur Mitte.

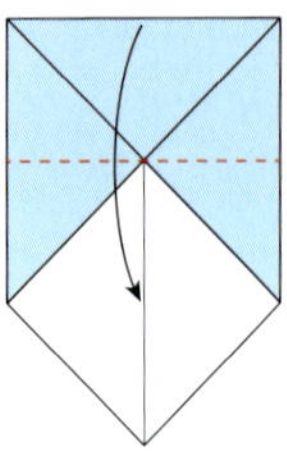

3 Die obere Papierkante an der markierten Linie nach unten falten und gut glatt streichen.

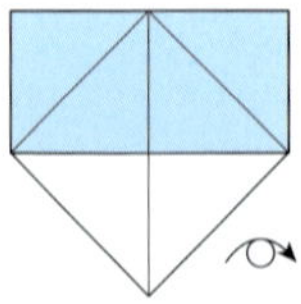

4 Wenden Sie die Figur.

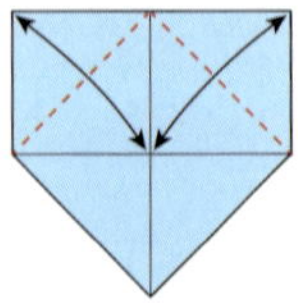

5 Falten Sie jeweils die obere linke und rechte Ecke zur Mittelkante und öffnen Sie die Faltungen anschließend wieder.

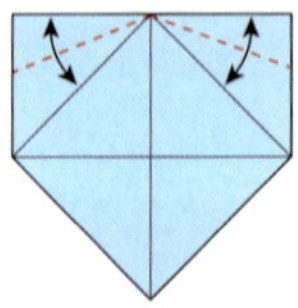

6 Jetzt falten Sie nochmals die linke und rechte obere Papierkante auf den zuvor entstandenen Faltknick. Auch diese Faltungen wieder öffnen.

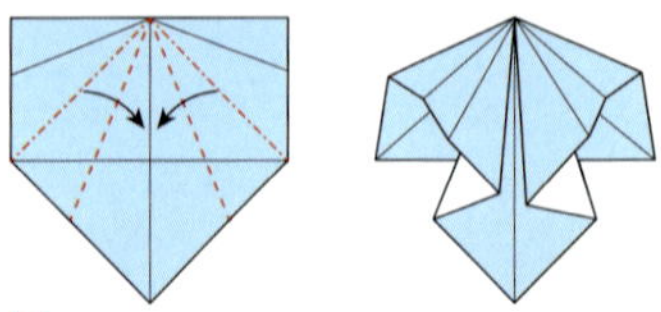

7 Wandeln Sie nun die markierte linke und rechte Talfalte der oberen Papierlage jeweils in eine Bergfalte um. Legen Sie diese dann auf die Mittelkante. Damit schiebt sich die Figur zusammen.

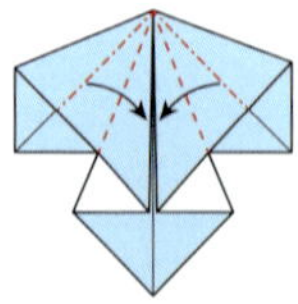

8 Nochmals die markierten Bergfalten auf die Mittelkante legen. Jetzt wird die Form des Pilzes schon deutlich.

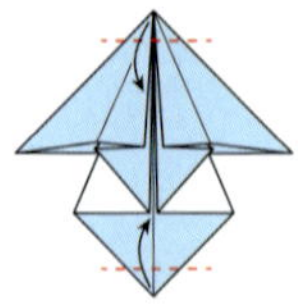

9 An den markierten Linien die obere Spitze nach unten und die untere Spitze nach oben falten.

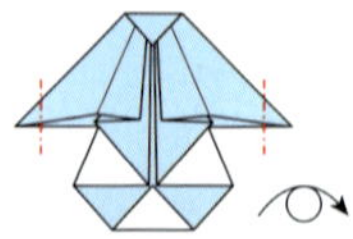

10 Die linke und rechte Spitze des Pilzhutes wird an den markierten Stellen nach innen gefaltet. Zum Schluss die Figur wenden.

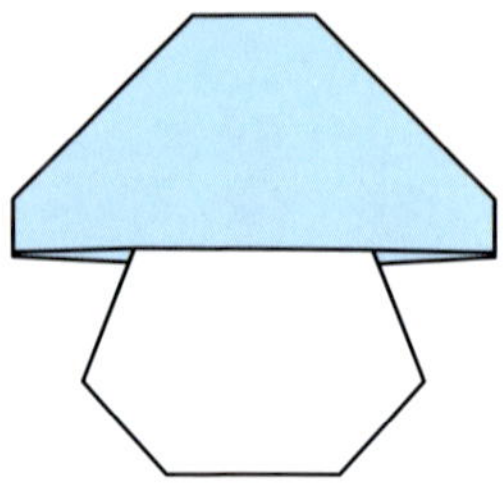

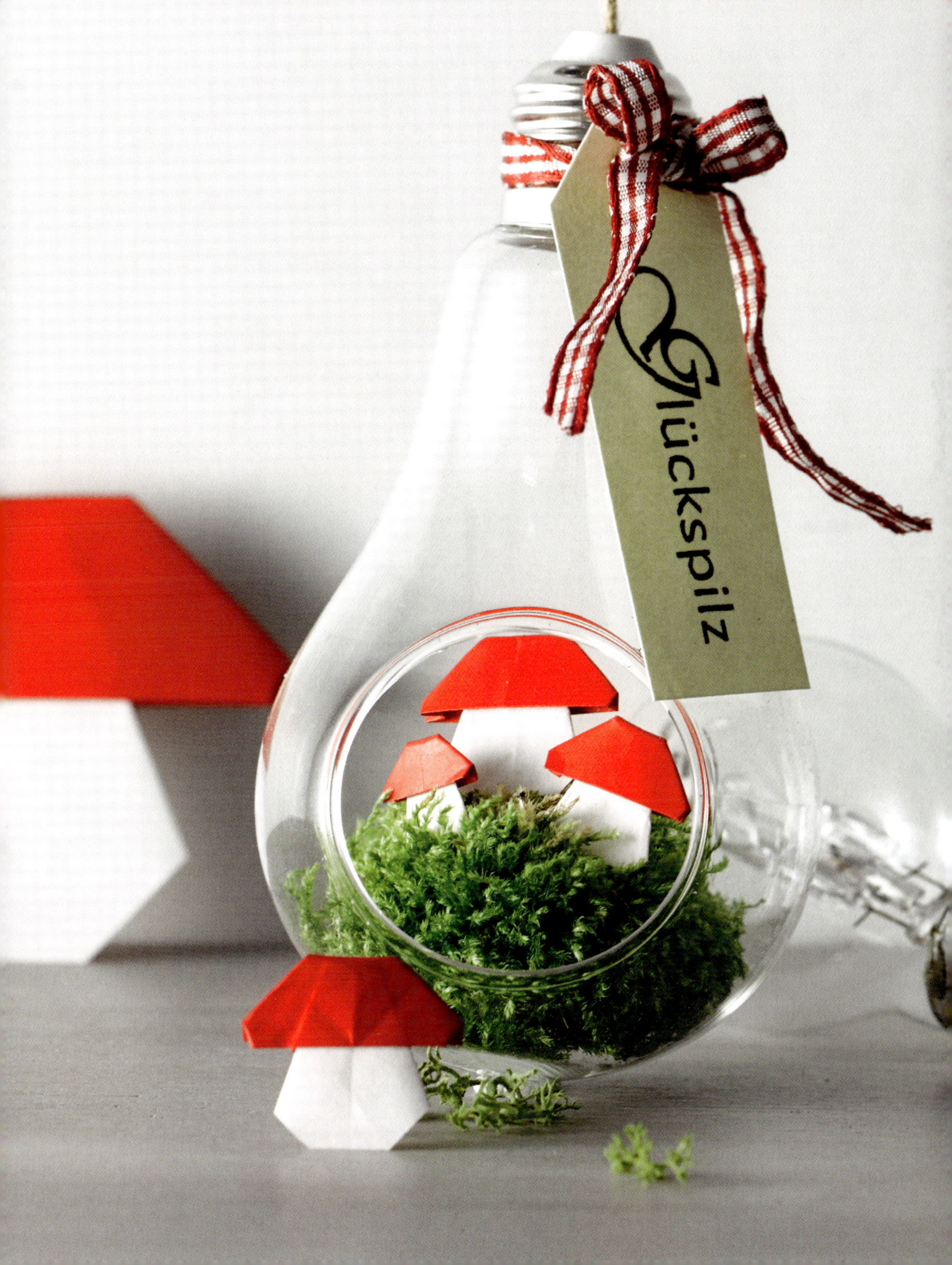
Glückspilz

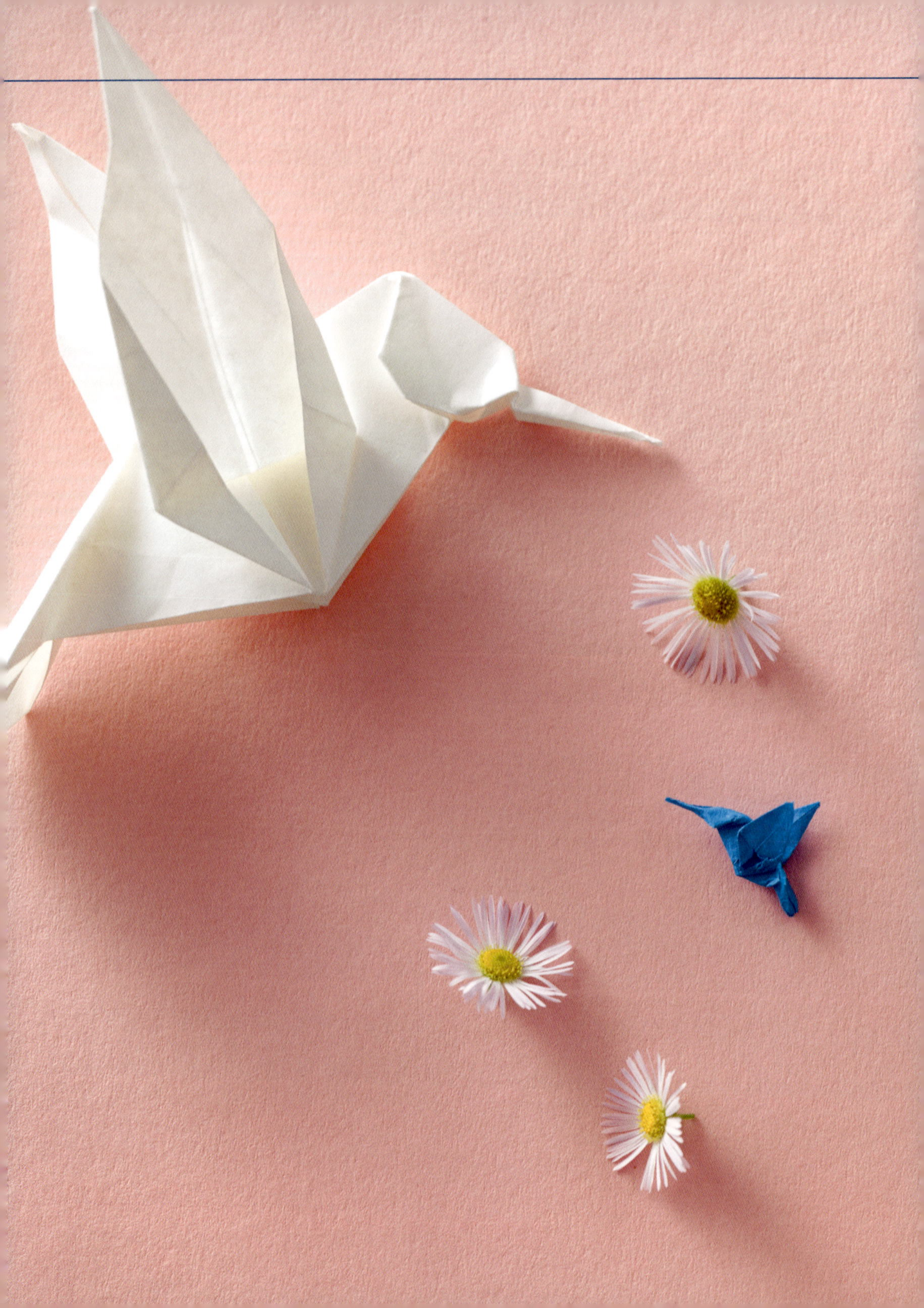

Schwirrender Kolibri

Mini-Vogel im Anflug

MATERIAL PRO KOLIBRI

- 1 Blatt Origamipapier in beliebiger Farbe, wahlweise 10 cm x 10 cm oder 2,5 cm x 2,5 cm

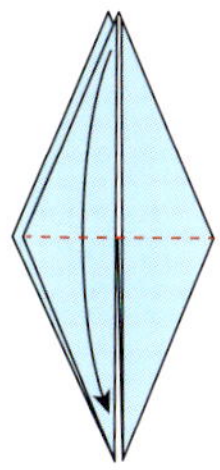

1 Beginnen Sie mit der Vogelgrundform (siehe „So wird's gemacht“). Die offene Spitze zeigt nach unten. Klappen Sie die obere Spitze wie abgebildet nach unten.

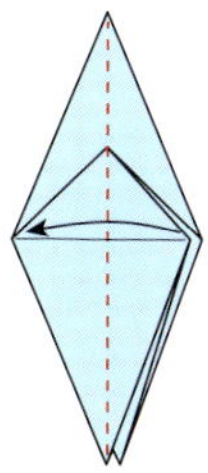

2 Klappen Sie die Figur an der markierten Linie von rechts nach links zusammen. Gut glatt streichen.

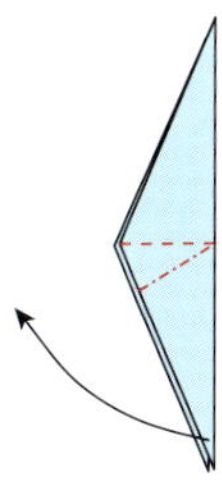

3 Die obere Papierlage der unteren Spitze zur Mitte hin aufrichten und flach drücken. Auf der Rückseite wiederholen.

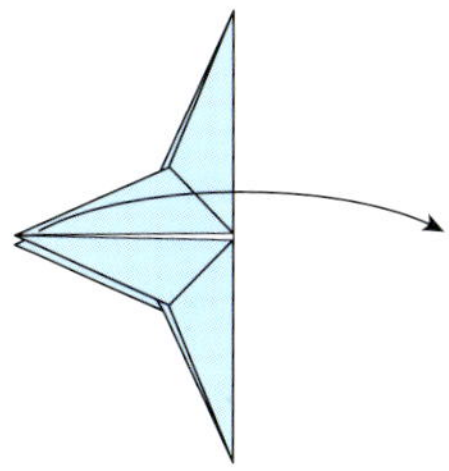

4 Den linken oberen Flügel nach rechts ziehen und die dabei entstehenden kleinen Dreiecke flach drücken. Auf der Rückseite wiederholen.

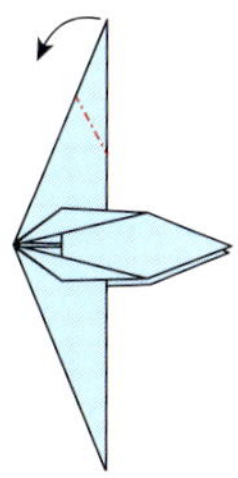

5 Die obere Spitze im Gegenknick schräg nach innen falten.

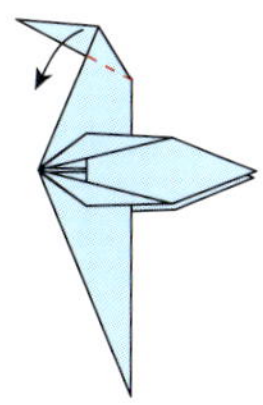

6 Nun die Spitze auf Vorder- und Rückseite nach unten legen.

Weiter geht es auf Seite 8.

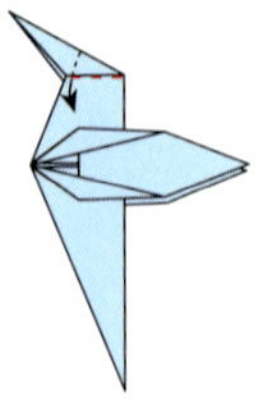

7 Ziehen Sie nun die darunter liegende kleine Ecke hervor und streichen diese gut flach. Auf der Rückseite wiederholen.

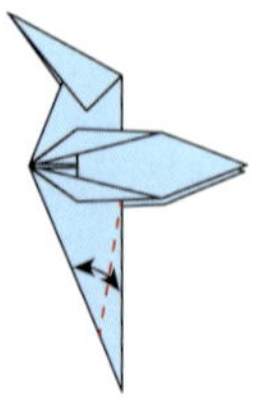

8 An der unteren Spitze der Figur die rechte Papierkante nach links falten und die Faltung wieder öffnen. Danach die rechte Papierkante im Gegenknick nach innen legen.

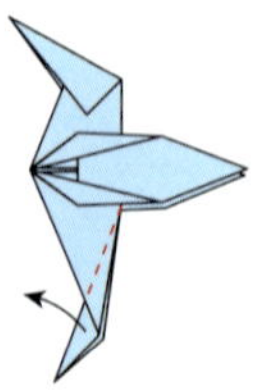

9 Klappen Sie die rechte Papierkante nach links. Auf der Rückseite wiederholen.

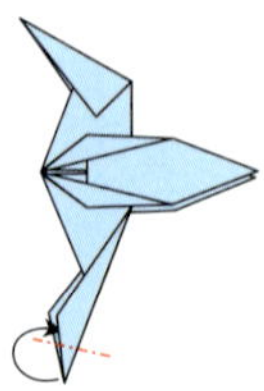

10 Die untere kleine Spitze nach innen legen.

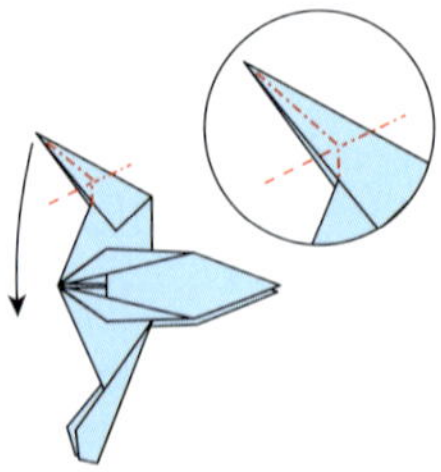

11 Den Schnabel an den markierten Linien zusammendrücken.

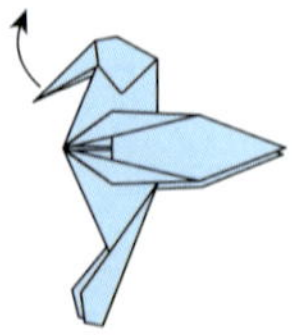

12 Nun den Schnabel etwas nach oben ziehen und flach drücken.

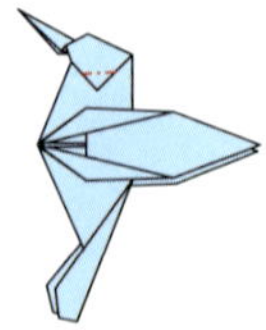

13 Die kleinen Ecken am Kopf nach innen falten. Auf der Rückseite wiederholen.

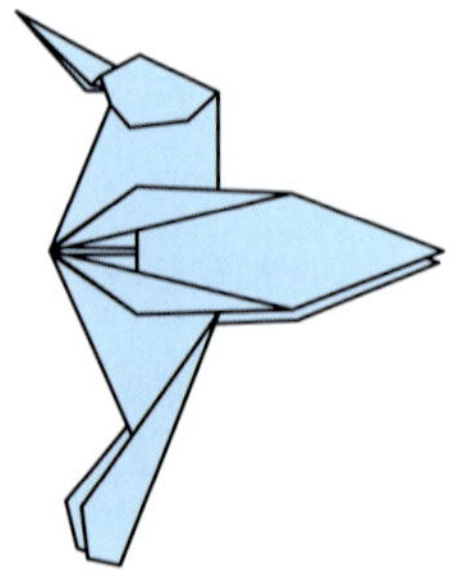

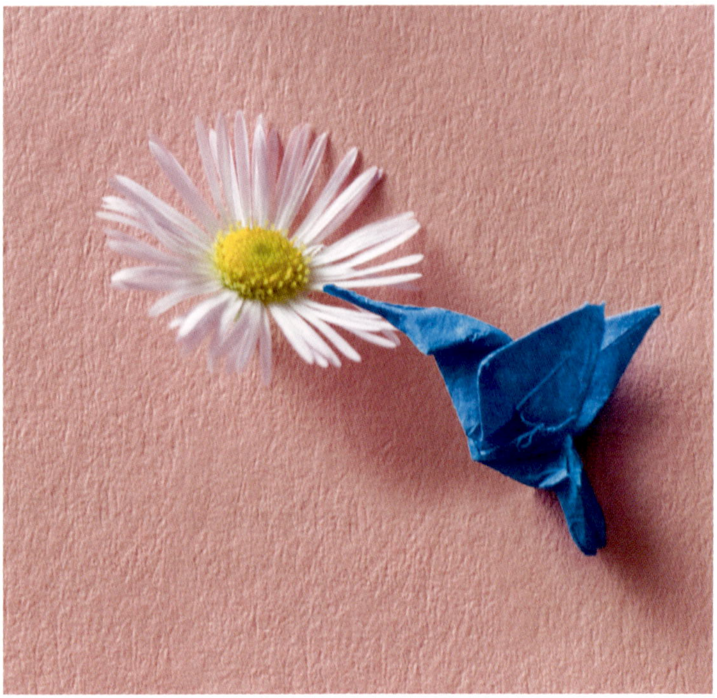

Modul-Stern

festliche Deko

MATERIAL
PRO STERN

- 8 Blatt Duo-Color-Papier, beliebig bedruckt, wahlweise 8 cm x 8 cm oder 2 cm x 2 cm

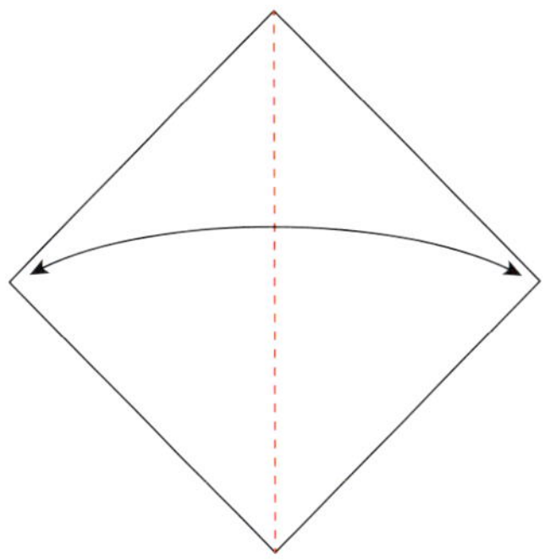

1 Die farbige Seite des Papiers liegt unten. Falten Sie die angegebene Talfalte und öffnen Sie sie wieder.

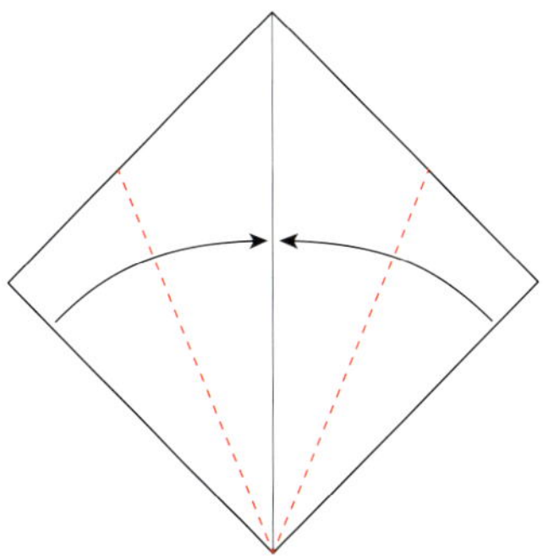

2 Legen Sie die linke und rechte untere Papierkante auf die Mittellinie.

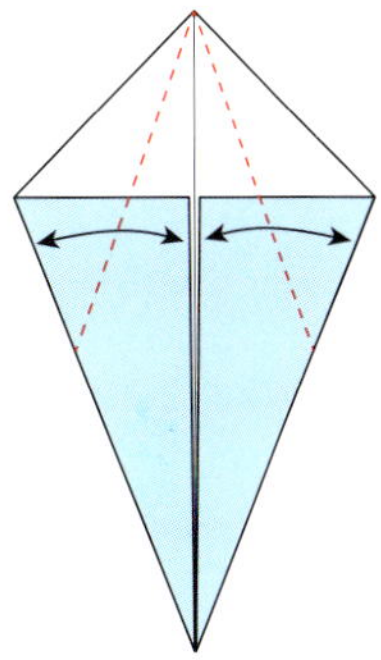

3 Falten Sie nun die obere linke und rechte Papierkante auf die Mittellinie. Öffnen Sie diese Faltungen wieder.

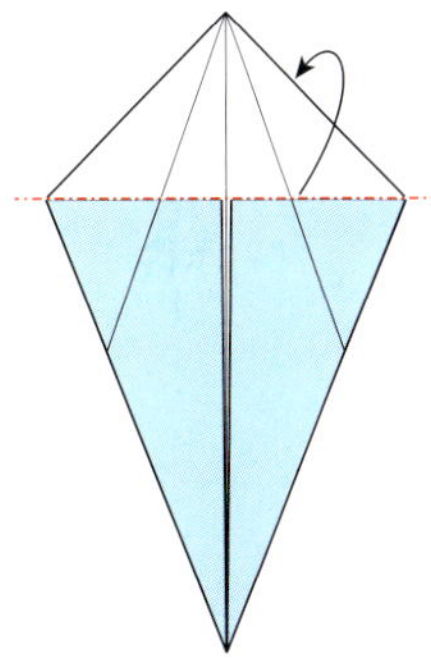

4 Klappen Sie die obere Spitze an der markierten Linie nach hinten.

Weiter geht es auf Seite 10.

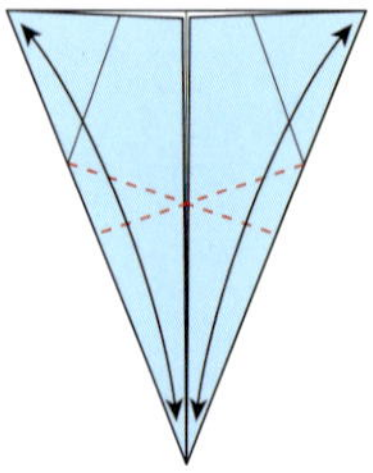

5 Falten Sie die untere Spitze zuerst auf die obere linke Ecke. Faltung wieder öffnen. Dann falten Sie die untere Spitze auf die obere rechte Ecke. Auch diese Faltung wieder öffnen.

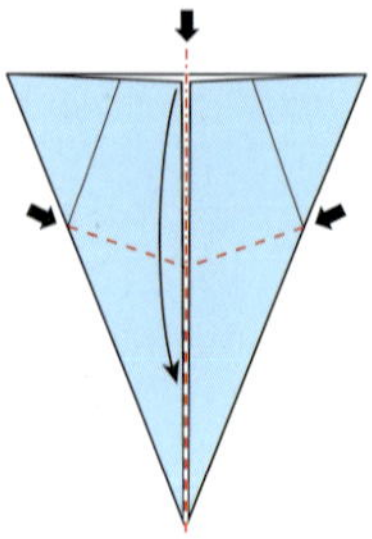

6 Durch Drücken an den mit Pfeilen markierten Stellen, schieben Sie die Faltarbeit zusammen. Die obere Papierkante legt sich damit nach unten bzw. innen.

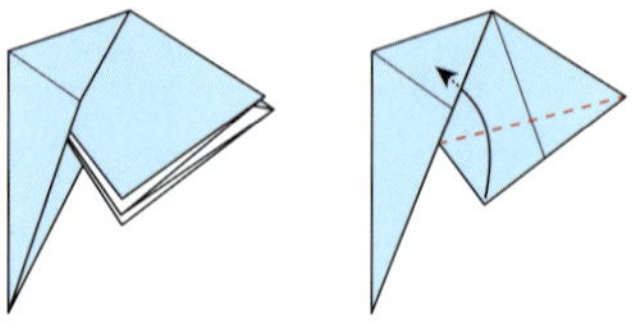

7 Streichen Sie die Faltarbeit gut glatt. Falten Sie auf Vorder- und Rückseite die obere Papierlage an der markierten Linie nach oben. Schieben Sie die kleine Ecke unter die linke Kante. Wiederholen Sie diesen Schritt auf der Rückseite.

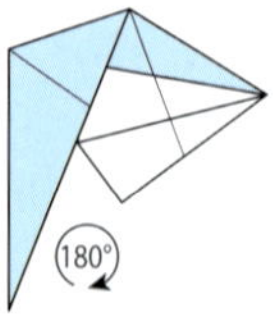

8 Drehen Sie die Faltarbeit um 180°. Das erste Modul ist hiermit fertig. Für einen Stern benötigen Sie insgesamt acht Module.

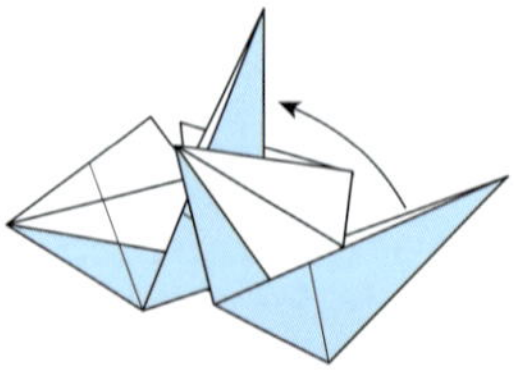

9 Zum Zusammensetzen fügen Sie von rechts ein weiteres Modul an das erste an. Schieben Sie die kurzen Spitzen des rechten Moduls über die lange Spitze des linken Moduls.

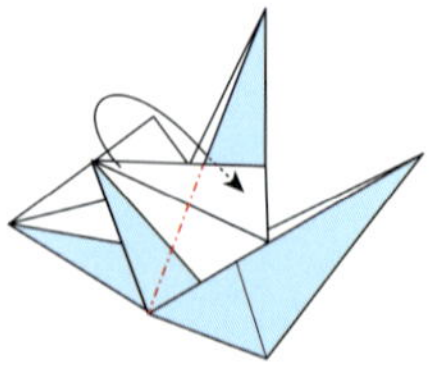

10 Klappen Sie die kleinen Spitzen entlang der markierten Linie in die lange Spitze des linken Moduls. Verbinden Sie auf diese Weise alle acht Module zu einem Stern.

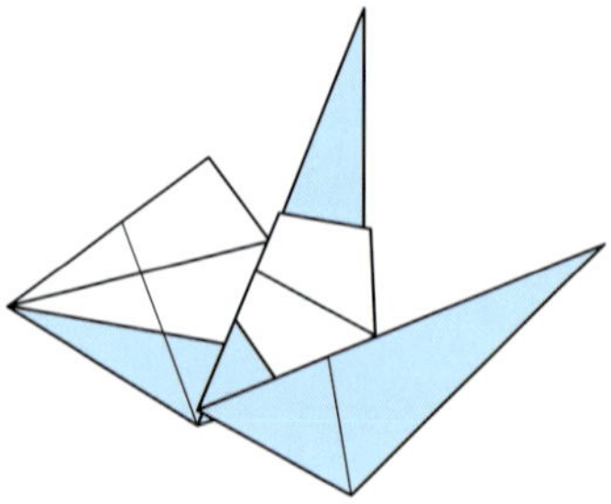

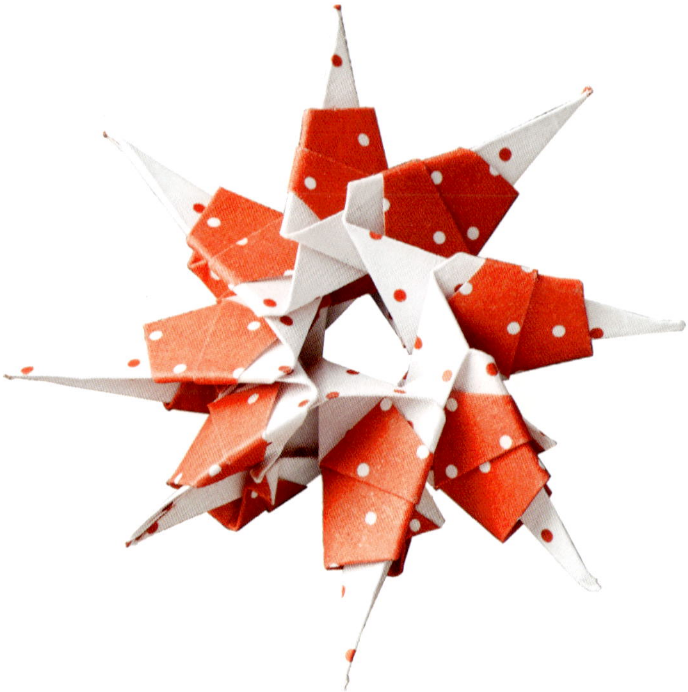

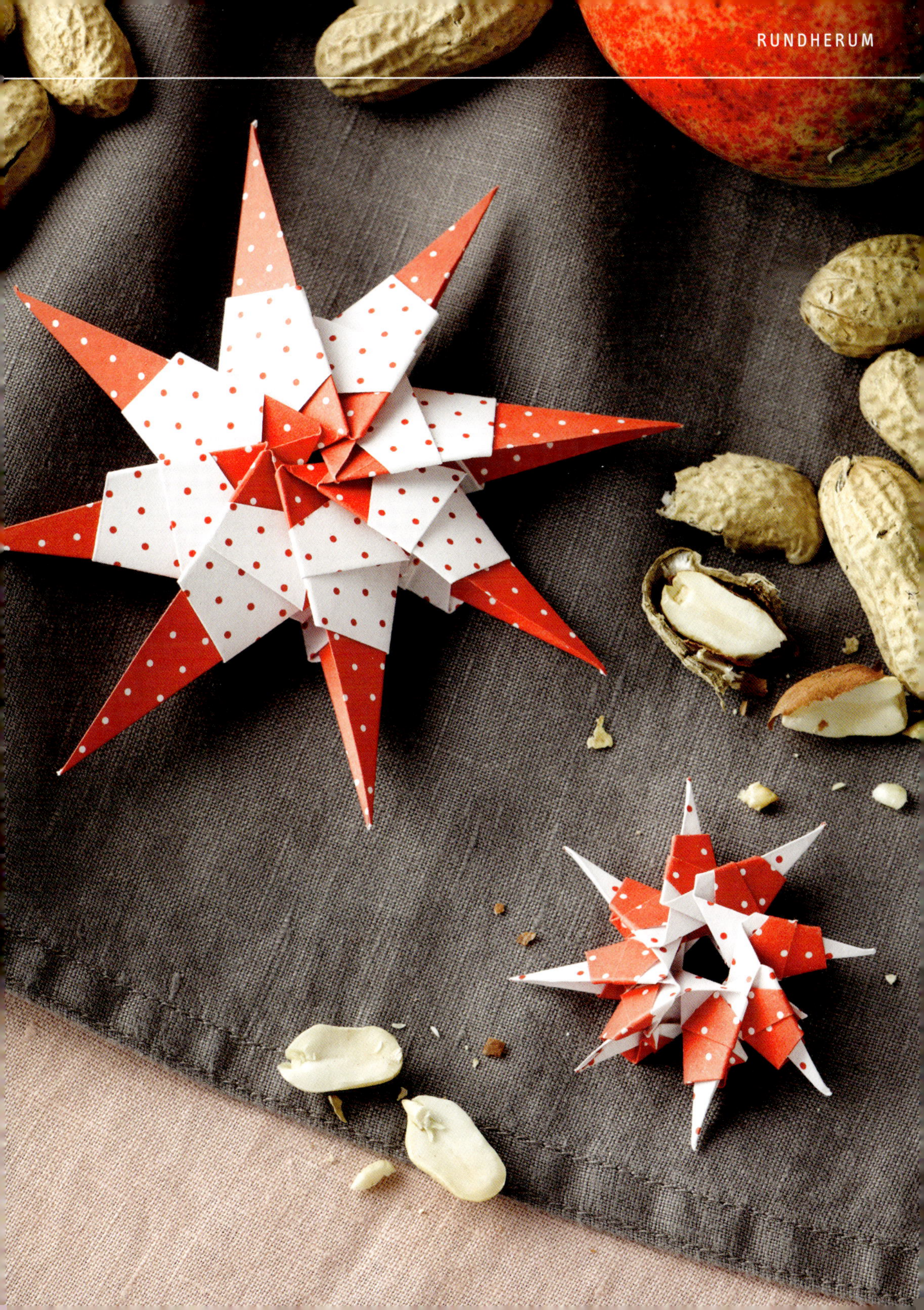

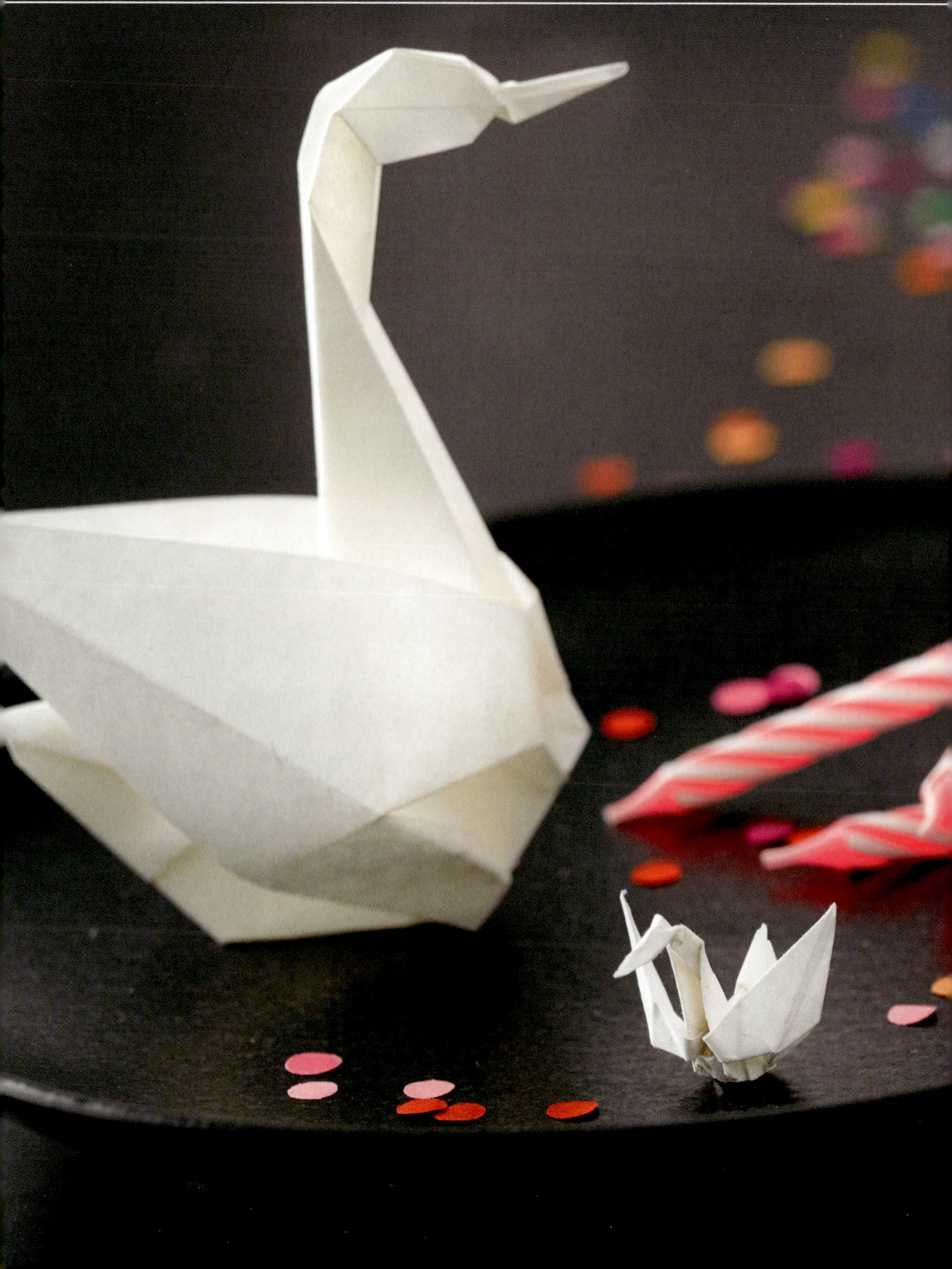

Weißer Schwan

edel und elegant

MATERIAL

- 1 Blatt Origamipapier in Weiß, wahlweise 5,5 cm x 5,5 cm oder 3 cm x 3 cm

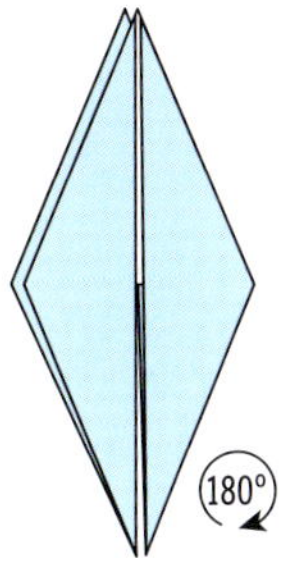

1 Beginnen Sie mit der Vogelgrundform (siehe „So wird's gemacht"). Drehen Sie die Figur um 180°, sodass die offene Spitze oben liegt.

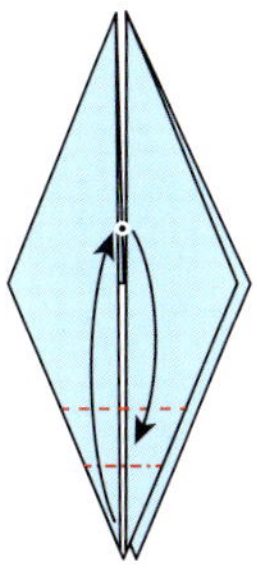

2 Die obere Lage der unteren Spitze wird erst nach oben auf den markierten Punkt gelegt. Danach falten Sie an den vorgegebenen Linien wieder zurück nach unten.

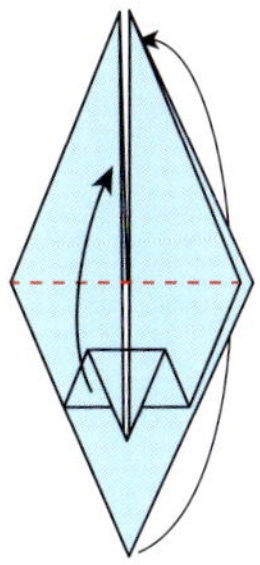

3 Klappen Sie die kurze Spitze an der markierten Mittellinie nach oben. Wiederholen Sie diesen Schritt auch auf der Rückseite mit der zweiten Spitze, aber klappen Sie diese über die Rückseite nach oben.

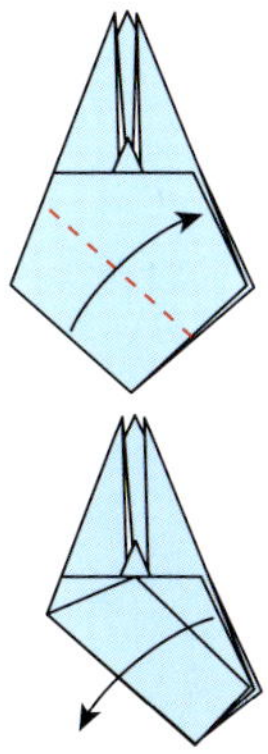

4 Die linke untere Papierkante jetzt schräg nach rechts falten, die Faltung wieder öffnen …

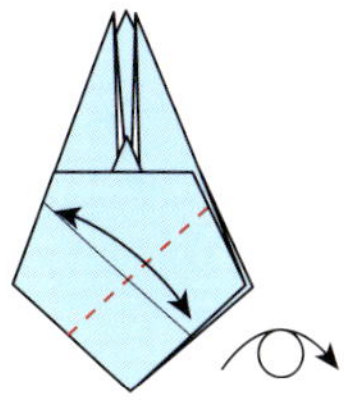

5 … und die rechte untere Papierkante nach links falten. Auch diese Faltung wieder öffnen. Wenden Sie die Figur.

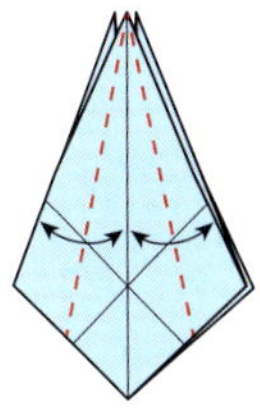

6 Von der oberen Spitze aus werden jeweils die linke und die rechte Kante der oberen Papierlage zur senkrechten Mittellinie gefaltet und wieder geöffnet.

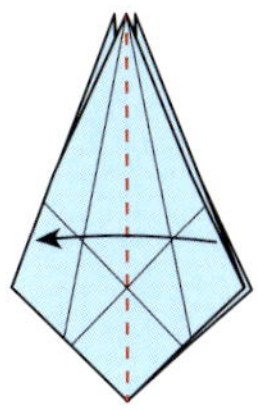

7 Legen Sie den rechten oberen Flügel nach links und den linken hinteren Flügel nach rechts.

Weiter geht es auf Seite 14.

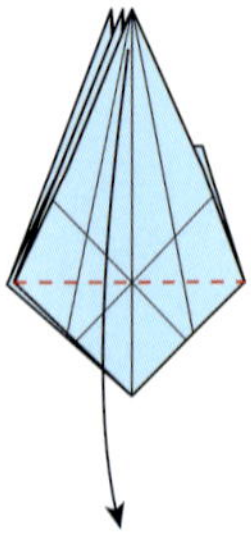

8 Nun die obere Papierlage der oberen Spitze entlang der markierten Linie nach unten legen. Auf der Rückseite wiederholen.

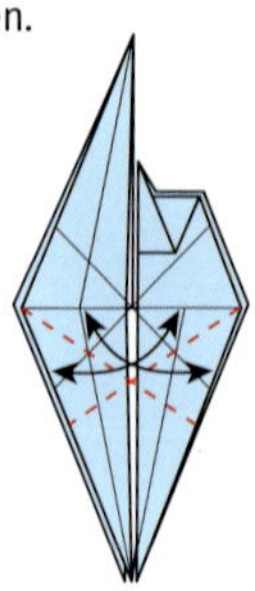

9 Falten Sie nur die obere Papierlage der unteren linken Kante auf die waagerechte Mittellinie und öffnen Sie die Faltung wieder. Dann falten Sie auch die obere Papierlage der unteren rechten Kante auf die Mittellinie. Wiederholen Sie diese beiden Schritte auf der Rückseite.

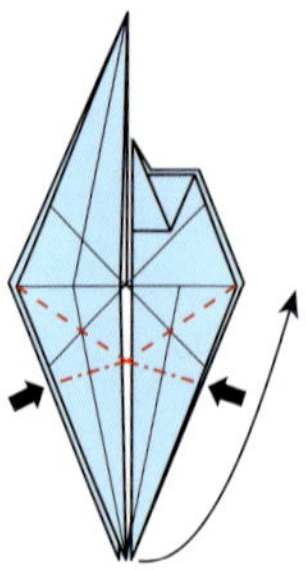

10 Drücken Sie an den mit Pfeilen markierten Stellen die untere Spitze als sogenanntes Hasenohr zusammen und legen dieses nach rechts. Wiederholen Sie Schritt 10 auf der Rückseite.

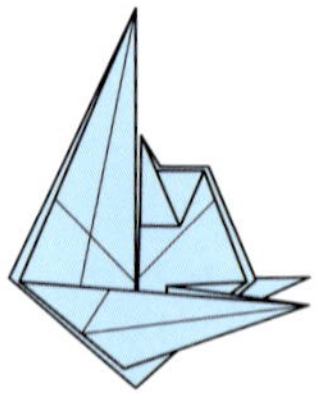

11 So muss Ihre Figur jetzt aussehen.

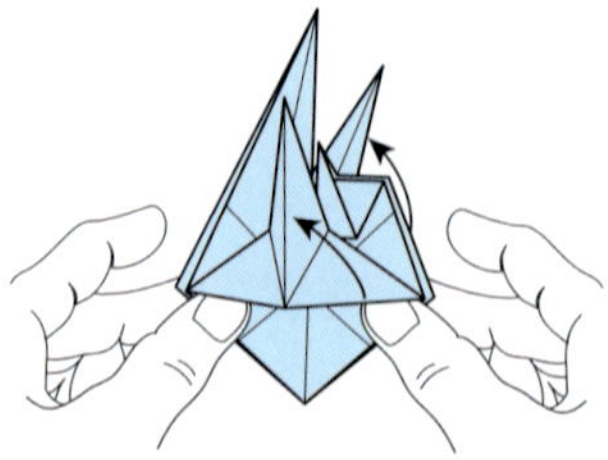

12 Stellen Sie die Hasenohren auf Vorder- und Rückseite etwas auf. Halten Sie die Figur wie abgebildet.

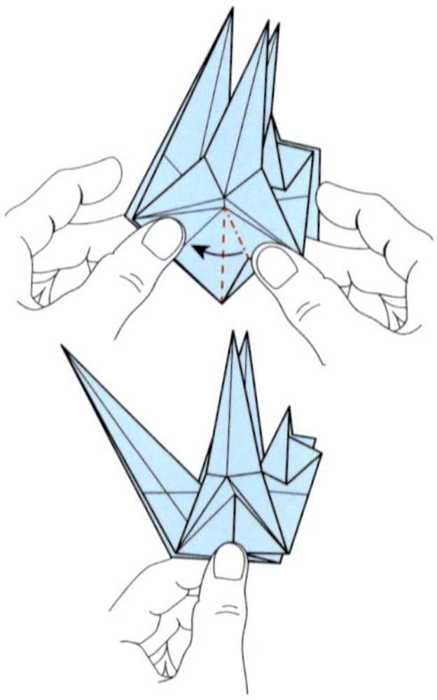

13 Drücken Sie die Figur unten von rechts nach links zusammen.

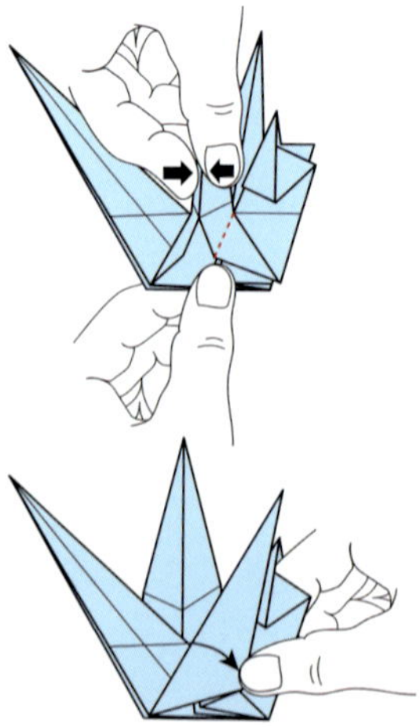

14 Drücken Sie nun das abstehende Hasenohr zusammen und legen Sie dieses nach rechts. Wiederholen Sie diesen Schritt auf der Rückseite.

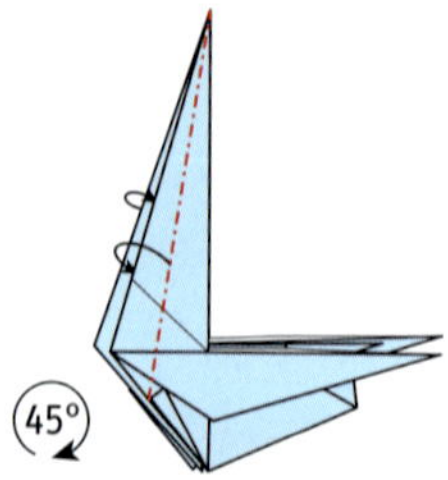

15 Zuerst drehen Sie die Arbeit um 45°, dann wird die linke Papierkante auf Vorder- und Rückseite nach innen geklappt.

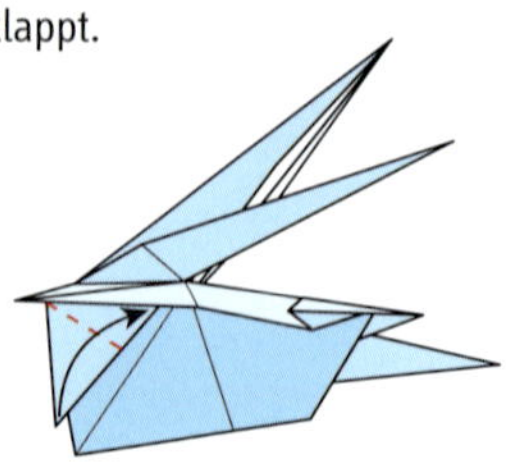

16 Öffnen Sie die Figur unten ein wenig und falten Sie die innenliegende kleine Spitze nach oben.

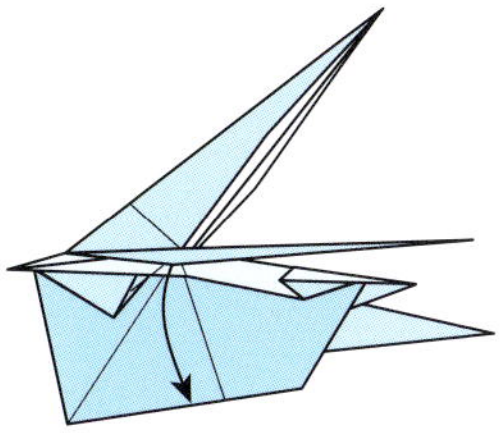

17 So sieht Ihre Faltarbeit nun aus. Schließen Sie die Figur wieder.

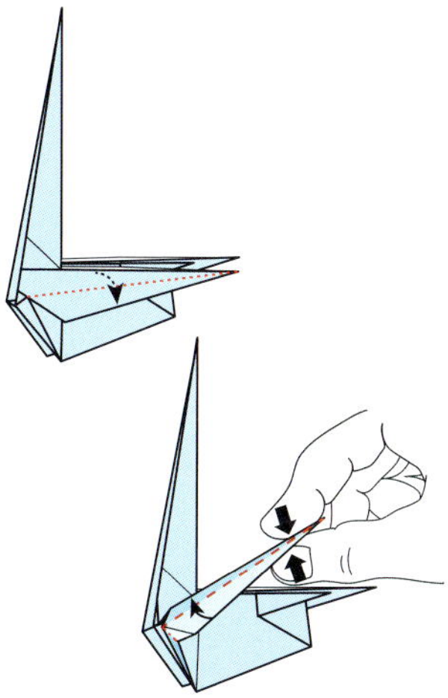

18 Den Flügel etwas anheben und die innenliegende Kante des Flügels auf die untere äußere Flügelkante falten. Dabei schiebt sich die Kante unten links noch etwas weiter nach links. Arbeiten Sie diesen Faltschritt auch auf der Rückseite.

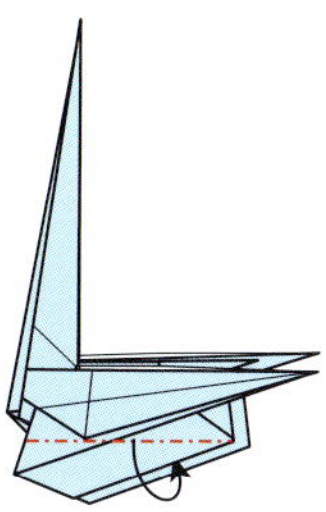

19 Falten Sie die untere Kante auf Vorder- und Rückseite an der markierten Linie nach innen.

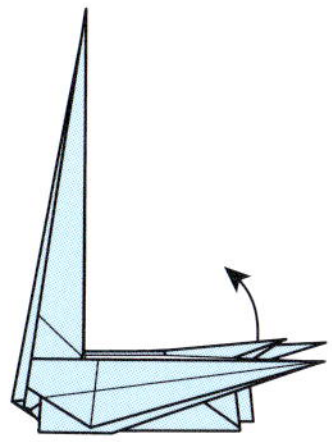

20 Ziehen Sie die rechts zwischen den Flügeln liegende Spitze ein wenig nach oben.

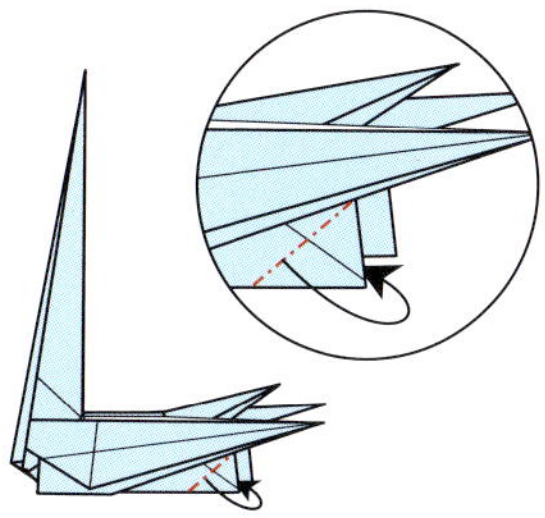

21 Falten Sie die rechte untere Ecke wie vorgegeben auf Vorder- und Rückseite schräg nach innen.

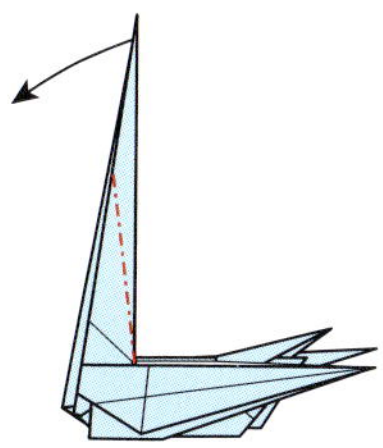

22 Die obere Spitze wird im Gegenknick nach links gefaltet.

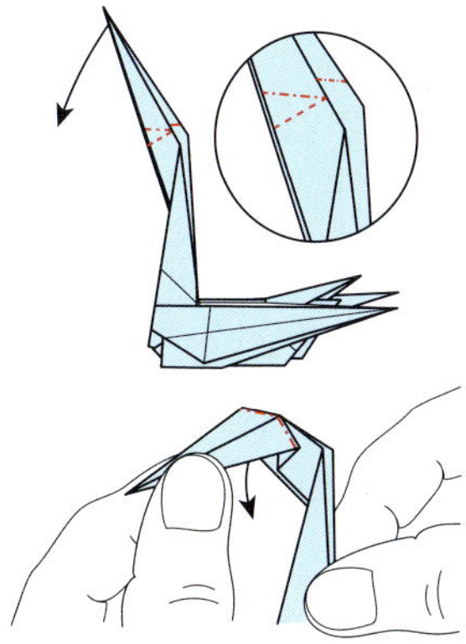

23 Öffnen Sie den oberen Teil der Spitze und halten Sie die Figur wie abgebildet. Drücken Sie dann den Kopf wieder flach.

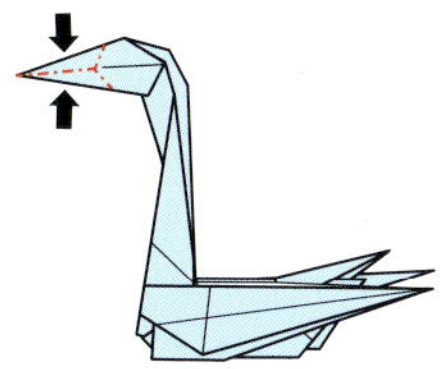

24 Drücken Sie den Kopf vorne von oben und unten zusammen, um den Schnabel zu formen.

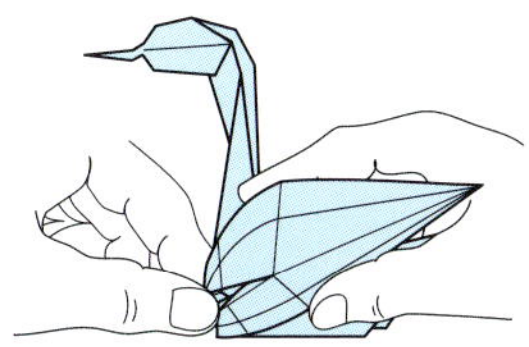

25 Greifen Sie mit zwei Fingern in den Flügel und formen Sie diesen aus. Wiederholen Sie dies mit dem Flügel auf der Rückseite.

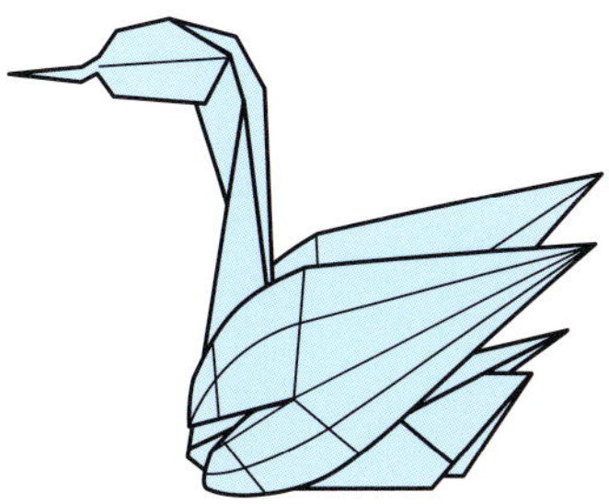

Von Herzen

liebevoll gefaltet

MATERIAL
PRO HERZ

- 1 Blatt durchgefärbtes Origamipapier in Rot, wahlweise 5,5 cm x 5,5 cm oder 2,5 cm x 2,5 cm

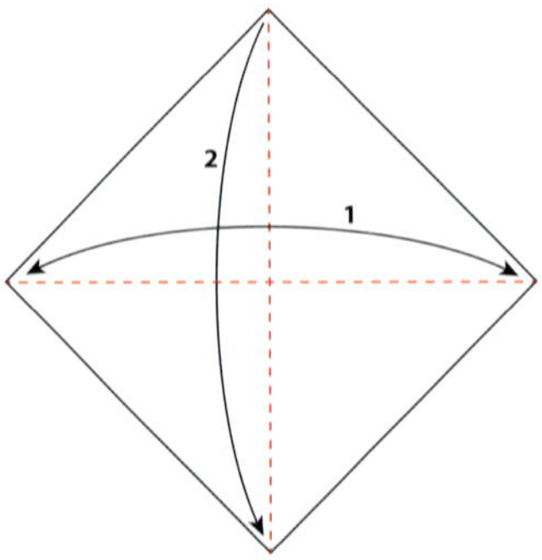

1 Falten Sie das Papier zuerst diagonal von rechts nach links und öffnen Sie diese Faltung wieder. Danach falten Sie von oben nach unten und lassen diese Faltung liegen.

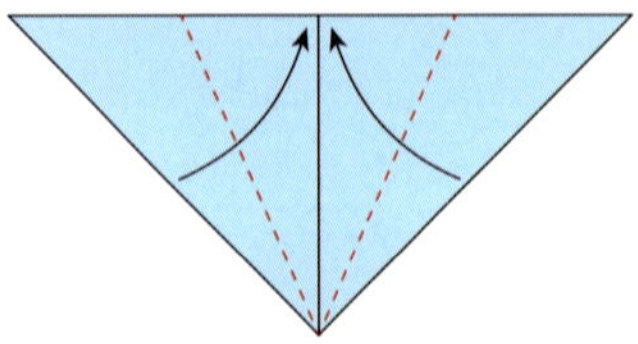

2 Jetzt die rechte und linke Papierkante jeweils zur Mittellinie falten.

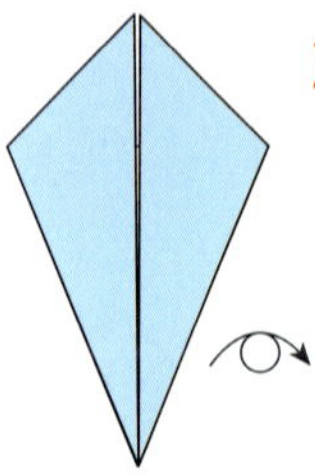

3 Die Figur wenden.

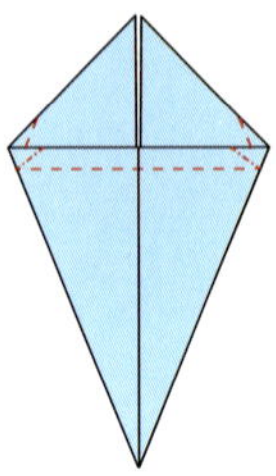

4 Die mittlere Kante an der markierten Linie nach unten falten. Die dabei entstehenden Dreiecke links und rechts flach drücken.

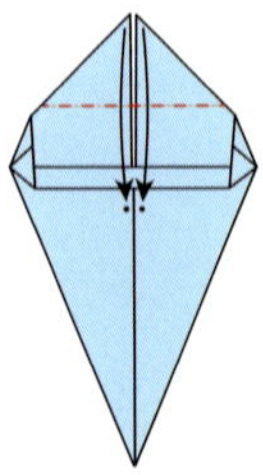

5 Die oberen zwei Spitzen wie vorgegeben auf die markierten Punkte legen und flach drücken.

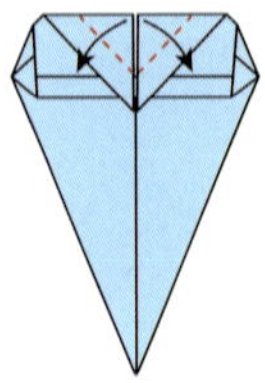

6 Falten Sie jetzt die Ecken oben in der Mitte auf die waagerechte Kante.

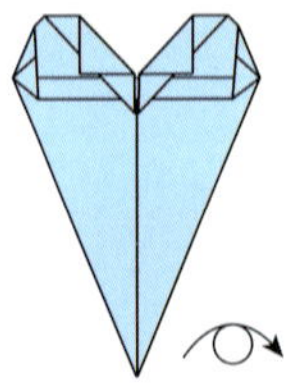

7 Wenden Sie die Figur.

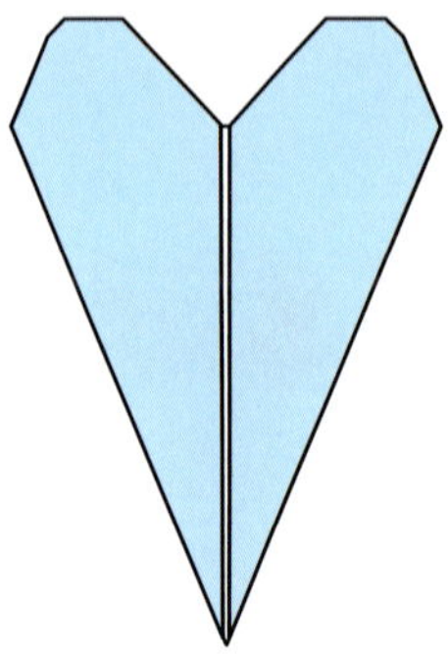

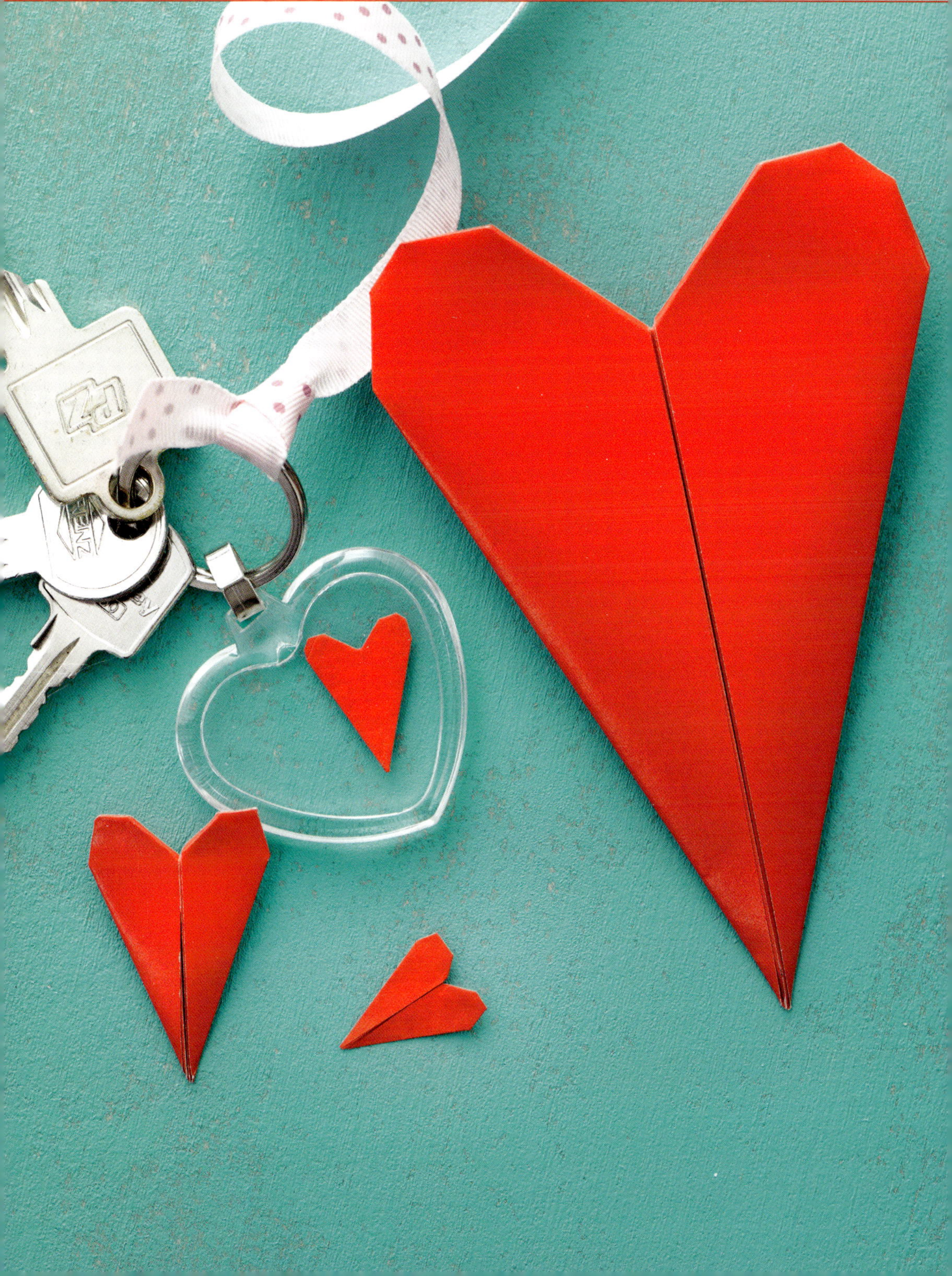

Zwergkaninchen

niedlicher Hoppler

MATERIAL
PRO KANINCHEN

- 1 Blatt Origamipapier in Schwarz, Weiß, Braun oder gemustert, wahlweise 6,5 cm x 6,5 cm oder 2,5 cm x 2,5 cm

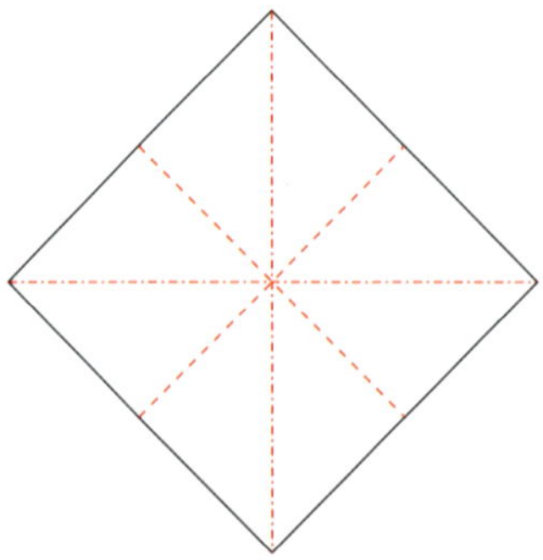

1 Arbeiten Sie alle Berg- und Talfalten wie angegeben.

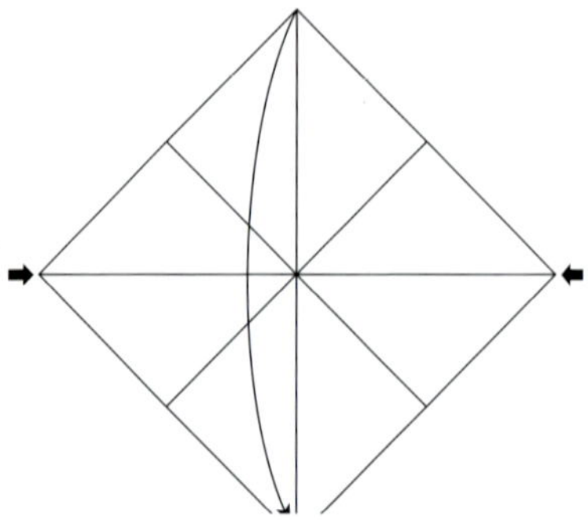

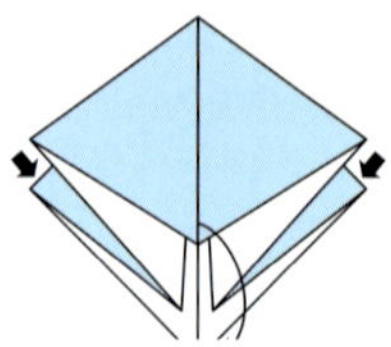

2 Legen Sie die obere Spitze auf die untere und drücken Sie an den markierten Punkten die rechte und linke Spitze nach innen, so entsteht ein zusammengeschobenes Quadrat.

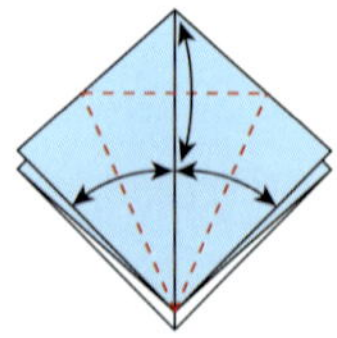

3 Legen Sie die rechte und linke Papierkante der oberen Papierlage auf die Mitte und die obere Spitze wie vorgegeben auf die Mittellinie. Öffnen Sie diese Faltungen wieder.

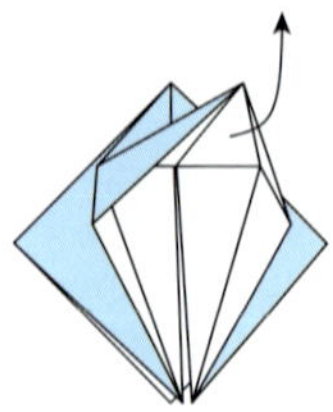

4 Halten Sie mit der linken Hand die unteren drei Papierlagen fest und ziehen Sie die obere Papierlage nach oben.

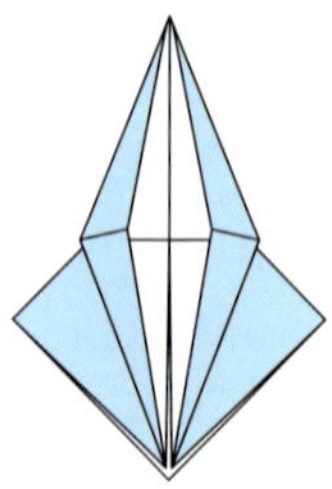

5 Ziehen Sie die Spitze so weit, bis sich die Papierkanten berühren.

Weiter geht es auf Seite 20.

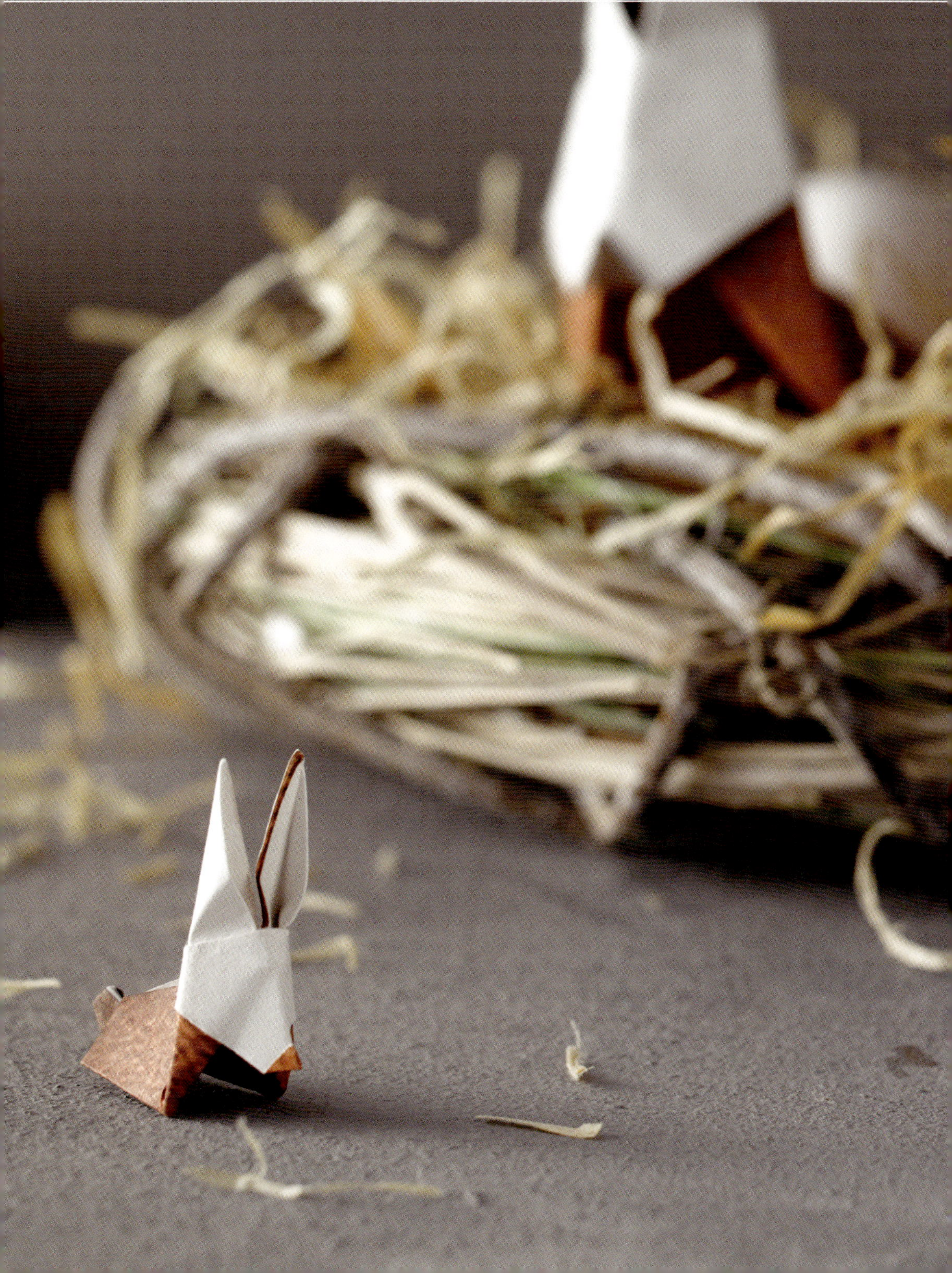

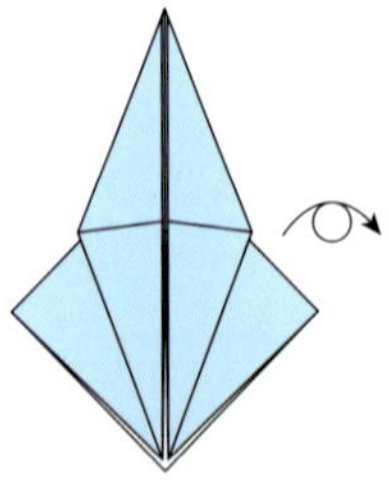

6 Flach streichen und die Figur wenden.

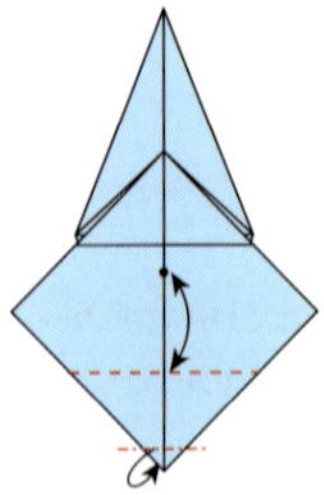

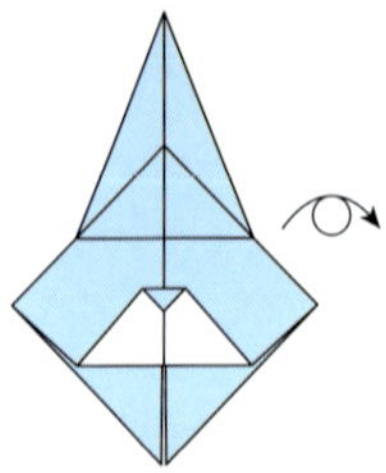

7 Nun die untere Spitze der oberen Papierlage nach oben auf den markierten Punkt falten und anschließend die kleine Spitze als Bergfalte arbeiten. Wenden Sie die Figur.

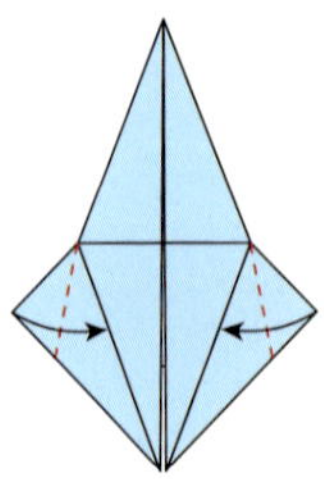

8 Die rechte und linke Spitze zur Mitte falten.

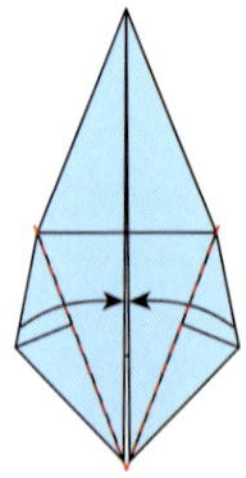

9 Die rechte und linke Papierkante auf die Mittelkante legen. Gut flach streichen.

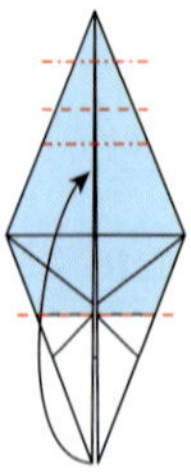

10 An der oberen Spitze die Berg- und Talfalte wie vorgegeben im Zickzack arbeiten. Die untere Spitze entlang der markierten Linie nach oben falten. Dabei legt sich die hintere Spitze nach vorn.

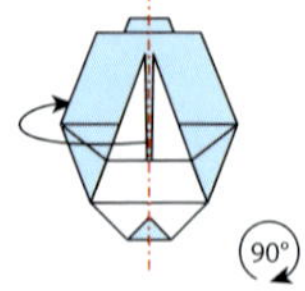

11 Klappen Sie die Figur in der Mitte nach hinten zusammen. Drehen Sie die Faltarbeit um 90°.

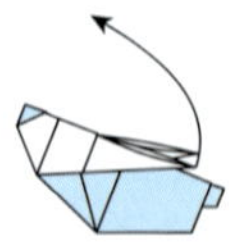

12 Ziehen Sie jetzt die Ohren und den Kopf nach oben und drücken diese gut flach.

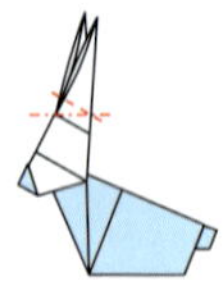

13 Drücken Sie die Ohren mittels Berg- und Talfalte auf.

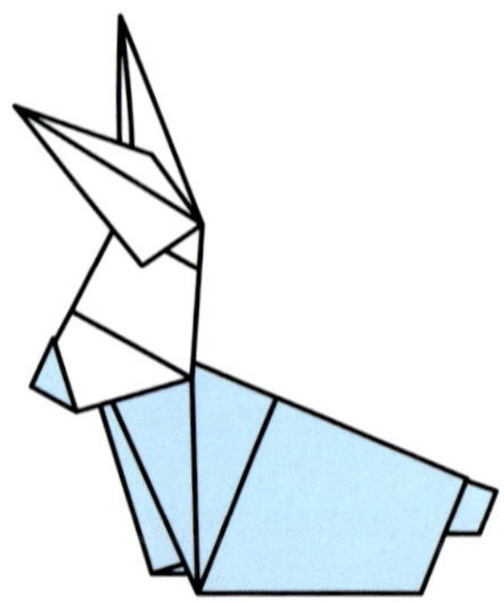

Flinker Fisch

auch an Land hübsch anzusehen

MATERIAL PRO FISCH

- 1 Blatt Origamipapier in Blau oder Grün gemustert, wahlweise 10 cm x 10 cm oder 1,5 cm x 1,5 cm

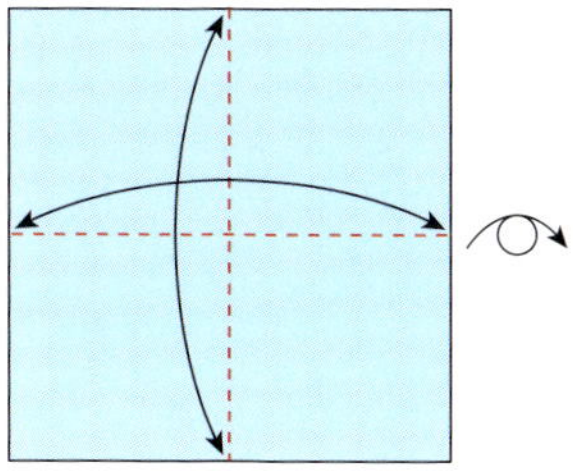

1 Die farbige Seite des Papiers liegt oben. Falten Sie die angegebenen Talfalten und öffnen Sie alle wieder. Das Blatt wenden.

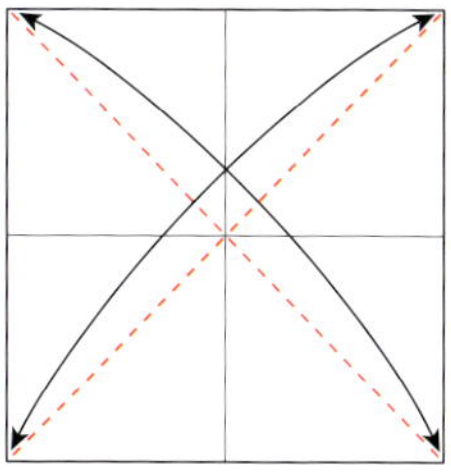

2 Jetzt auch hier diagonal alle angegebenen Talfalten falten. Auch diese Faltung wieder öffnen.

Weiter geht es auf Seite 22.

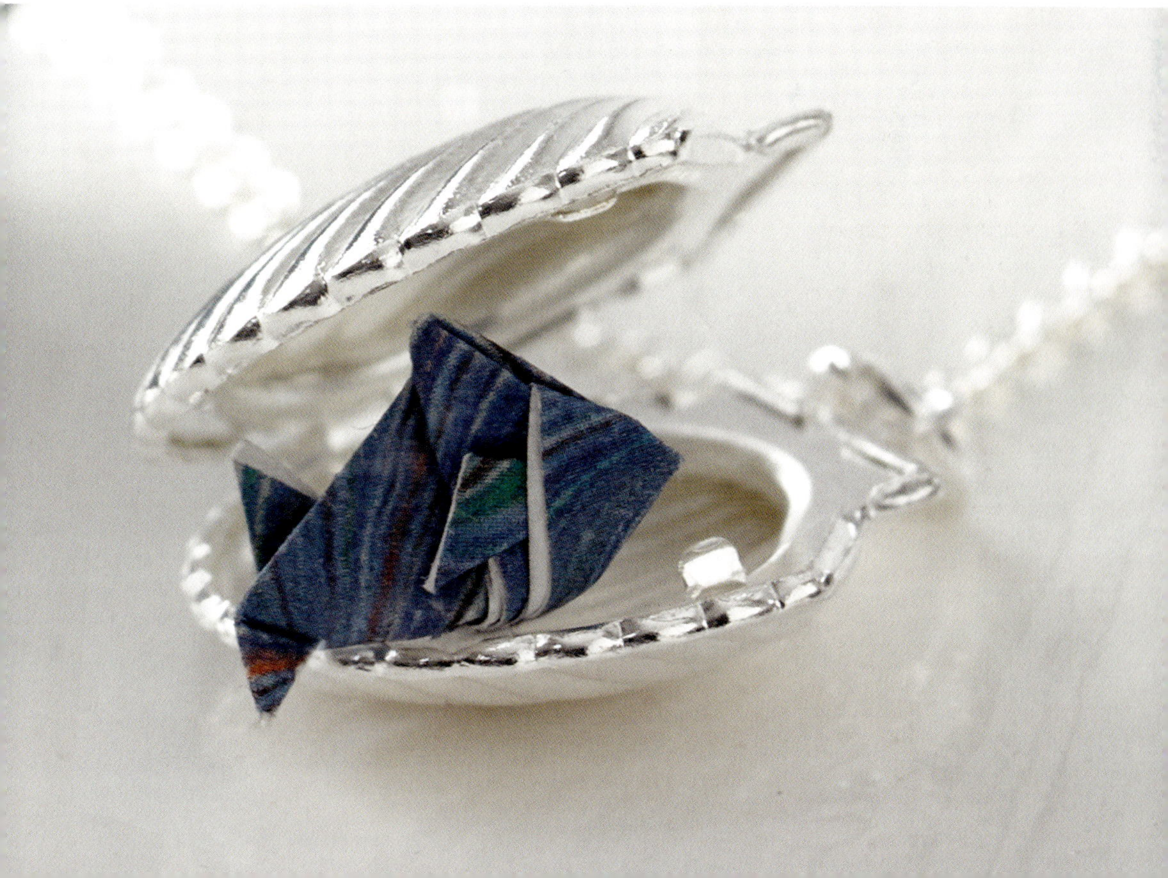

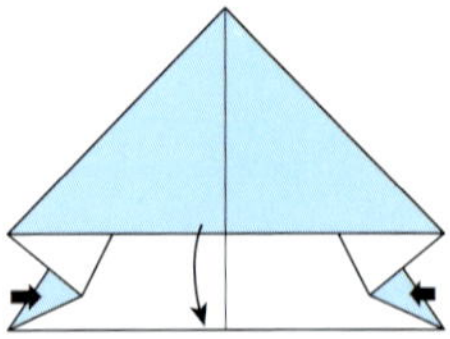

3 Drücken Sie die Kanten an den markierten Punkten zusammen. Dabei klappt die obere Papierkante automatisch auf die untere und es entsteht ein zusammengeschobenes Dreieck.

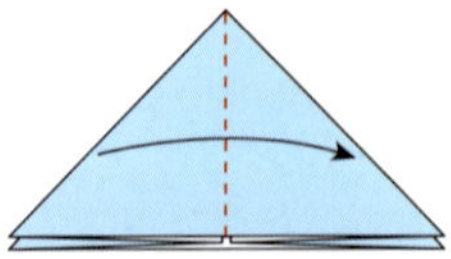

4 Legen Sie die beiden linken Papierlagen nach rechts.

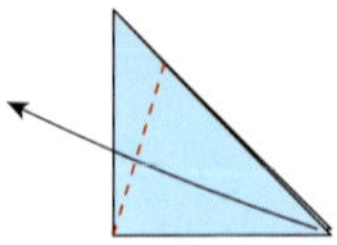

5 Falten Sie die oberen zwei Papierlagen an der markierten Linie schräg nach oben …

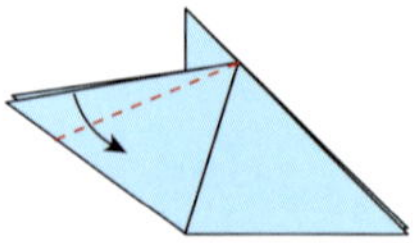

6 … und wieder ein Stück zurück.

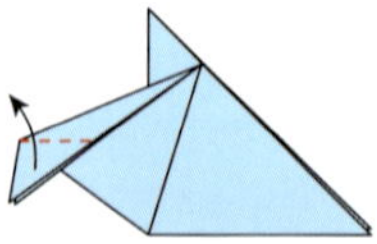

7 Von der linken kleinen Ecke die obere Lage an der waagerechten Linie nach oben falten.

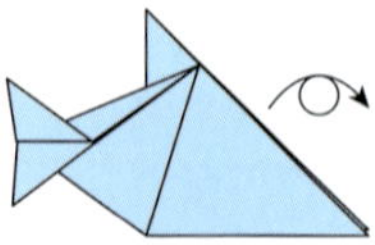

8 Wenden Sie die Figur.

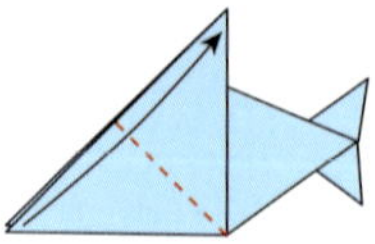

9 Die linke Spitze der oberen Papierlage nun auf die obere Spitze falten.

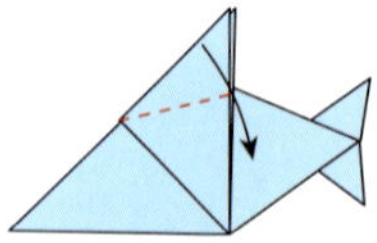

10 Danach die Spitze dieser Papierlage schräg nach rechts legen. Gut glatt streichen.

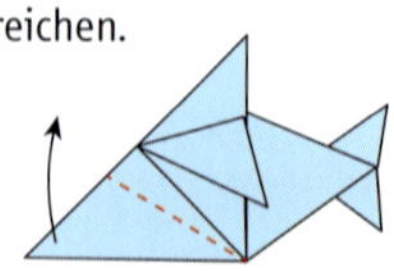

11 Nun wird die linke Spitze an der markierten Linie nach oben gefaltet.

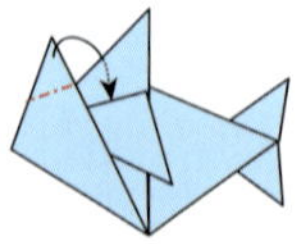

12 Die obere Spitze nach hinten umklappen und in die darunter liegende Tasche schieben.

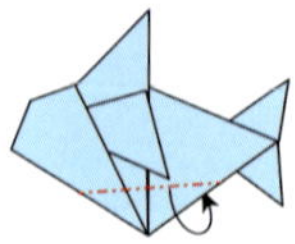

13 Die untere Kante nach hinten falten.

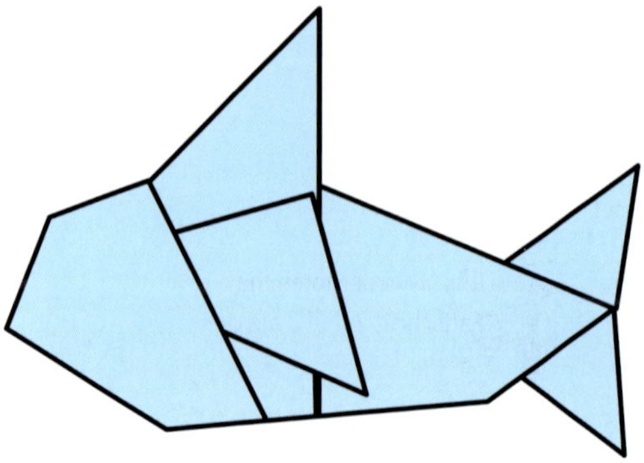

Feuerdrache

Wesen aus einer anderen Welt

MATERIAL PRO DRACHE

- 1 Blatt einfarbiges Seidenpapier in beliebiger Farbe, wahlweise 15 cm x 15 cm oder 3 cm x 3 cm

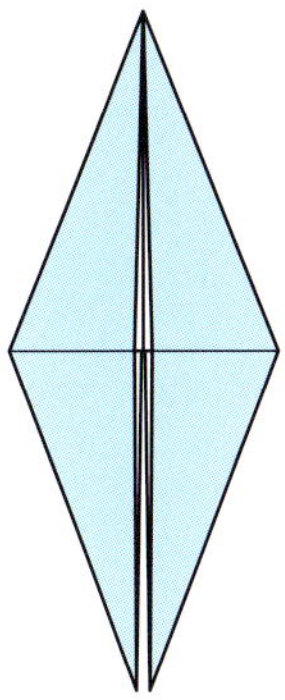

1 Beginnen Sie mit der Vogelgrundform (siehe „So wird's gemacht"). Die offene Spitze zeigt nach unten.

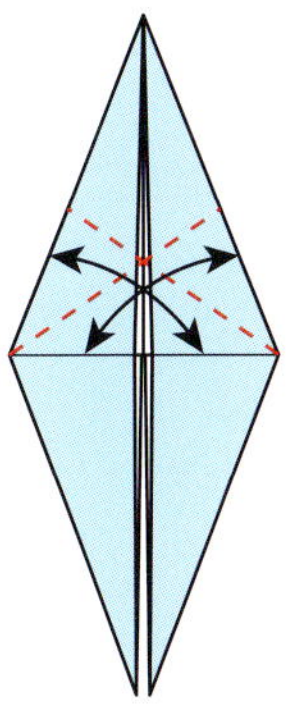

2 Die obere Lage der oberen Spitze entlang der markierten Linien auf die Mittellinie falten und die Faltungen wieder öffnen.

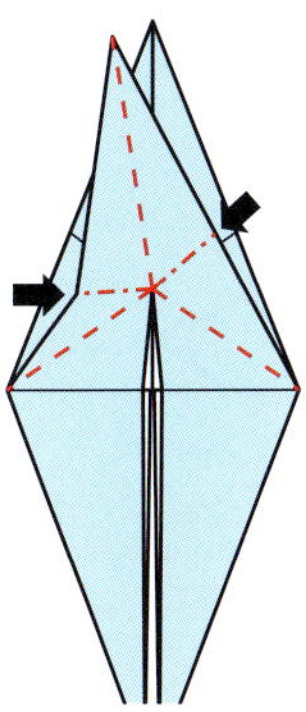

3 Drücken Sie an den mit Pfeilen markierten Stellen die obere Spitze als Hasenohr zusammen und legen dieses nach links. Wiederholen Sie Faltschritt 2 und 3 auf der Rückseite.

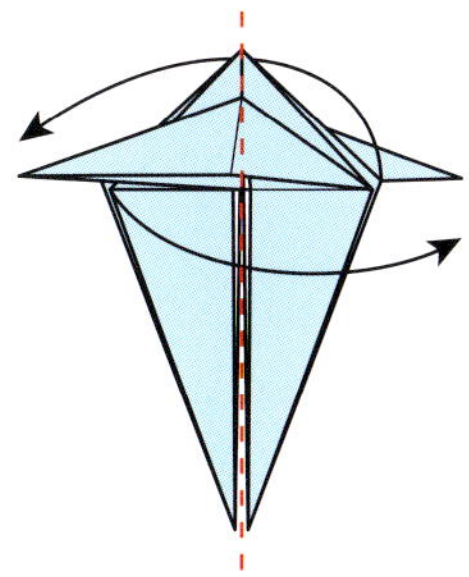

4 Klappen Sie die linke obere Papierlage nach rechts. Wiederholen Sie diesen Schritt auf der Rückseite.

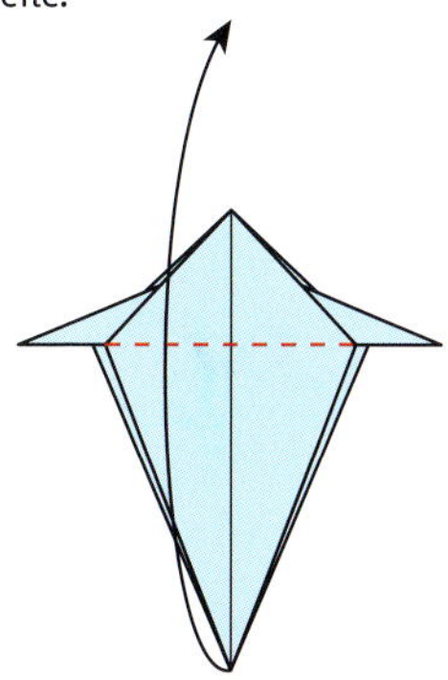

5 Legen Sie nun die untere Spitze nach oben. Wiederholen Sie diesen Schritt auf der Rückseite.

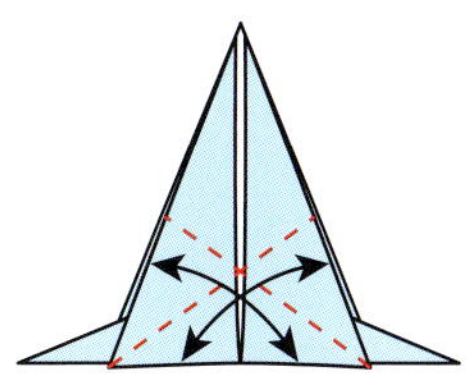

6 Falten Sie die obere rechte und linke Papierkante jeweils auf die waagerechte untere Kante und öffnen Sie die Faltung wieder. Auf der Rückseite wiederholen.

Weiter geht es auf Seite 24.

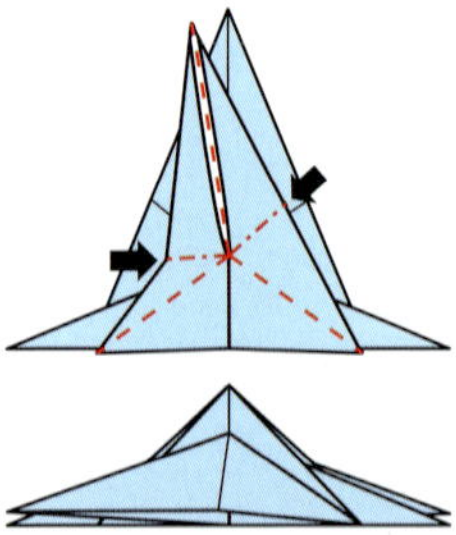

7 Drücken Sie die Spitze an den mit Pfeilen markierten Punkten zu einem Hasenohr zusammen. Legen Sie dieses nach links. Wiederholen Sie den Faltschritt auf der Rückseite.

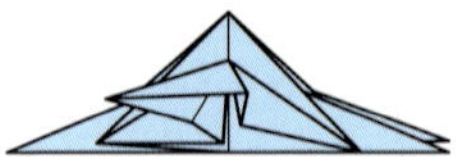

8 Stellen Sie das Hasenohr auf und drücken Sie es zu einer Drachenform flach. Auf der Rückseite wiederholen.

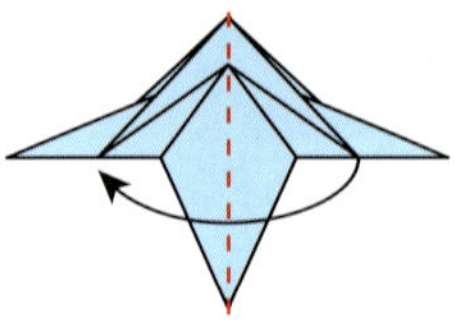

9 Legen Sie die kleine rechte Spitze nach links wie vorgegeben.

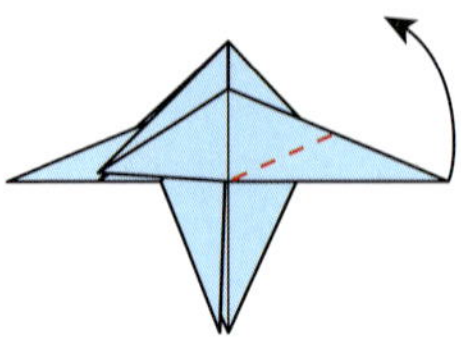

10 Falten Sie die lange rechte Spitze nach oben ...

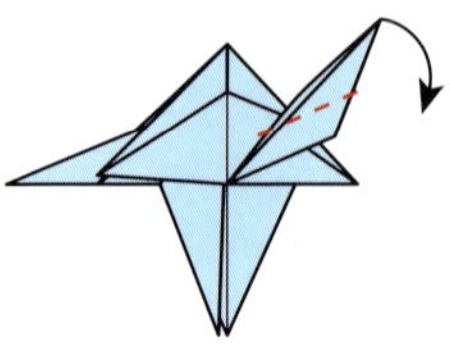

11 ... und an der markierten Linie wieder nach unten.

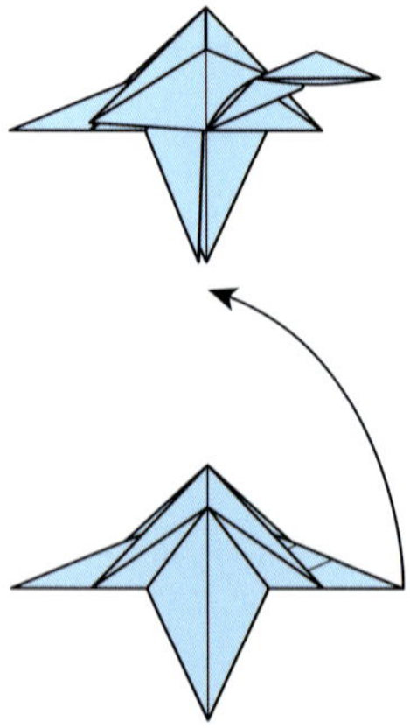

12 Öffnen Sie die Faltschritte 9–11 wieder. Die Faltarbeit muss wie in Faltschritt 9 wieder vor Ihnen liegen. Ziehen Sie die lange rechte Spitze senkrecht nach oben.

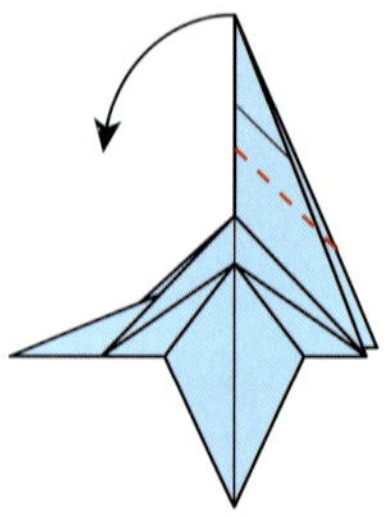

13 Falten Sie die obere Spitze im Gegenknick nach links ...

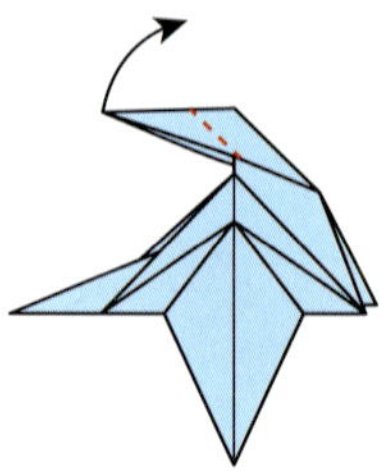

14 ... und dann wieder an der markierten Linie im Gegenknick nach rechts.

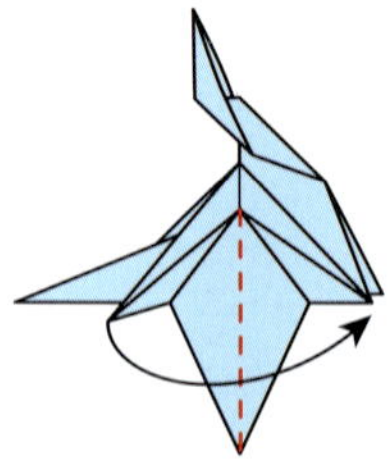

15 Legen Sie die linke kleine Spitze wie angegeben nach rechts.

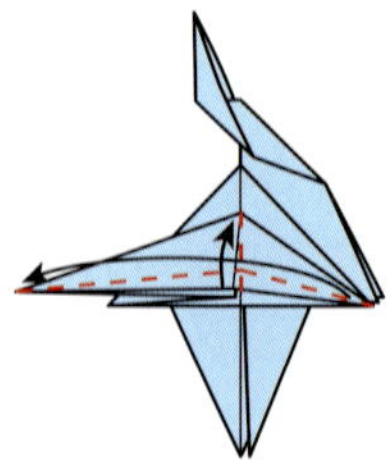

16 Falten Sie die markierte Kante nach oben. Hierzu die Spitzen rechts und links etwas anheben. Dann legen Sie die kleine rechte Spitze wieder zurück nach links. Faltschritte 15 und 16 auf der Rückseite wiederholen.

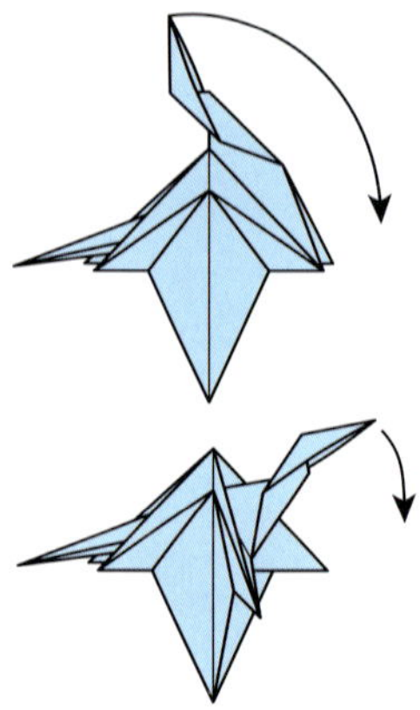

17 Öffnen Sie die rechte Seite der Figur ein wenig, um die obere Spitze nach unten zu legen.

Weiter geht es auf Seite 26.

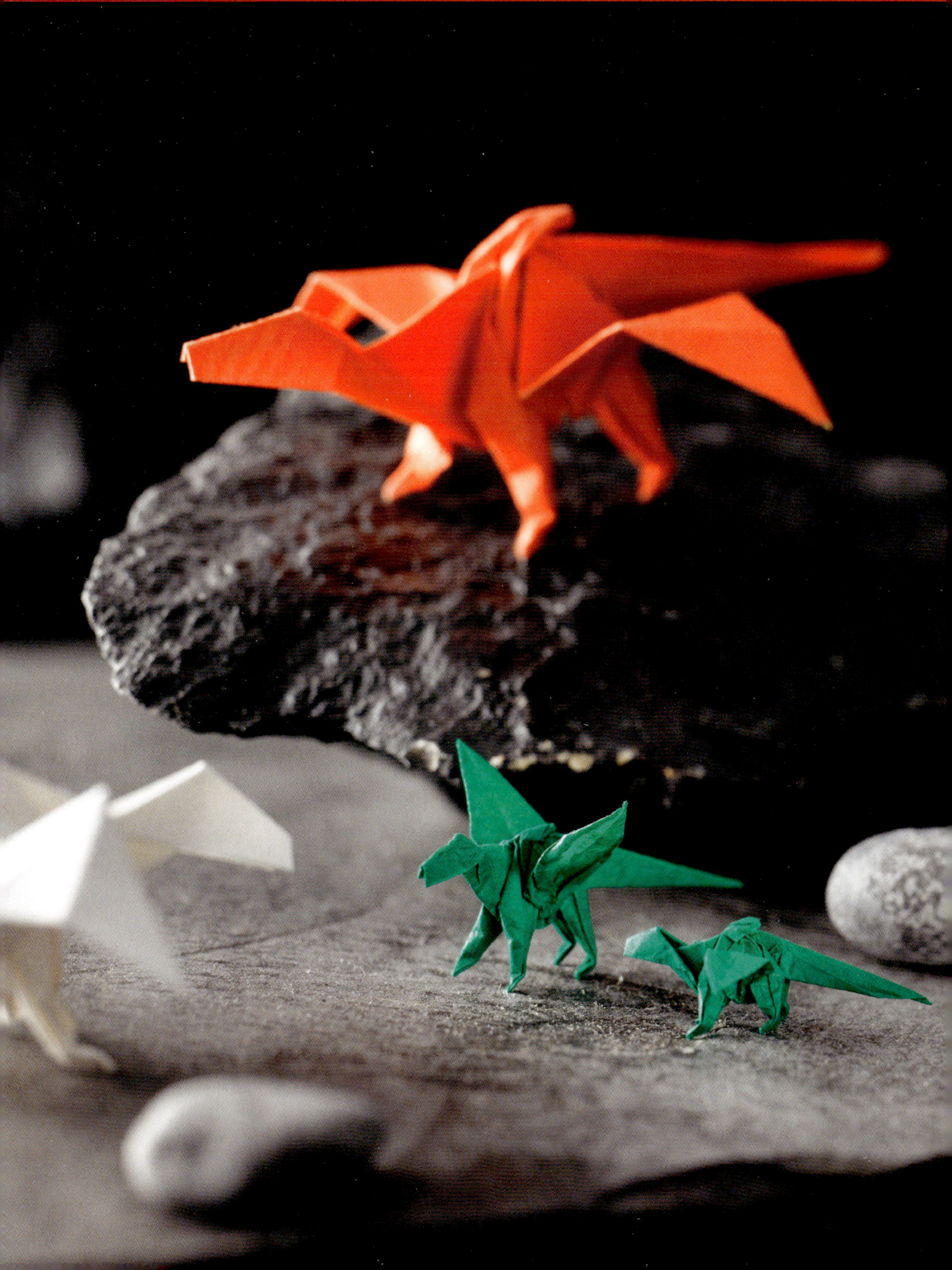

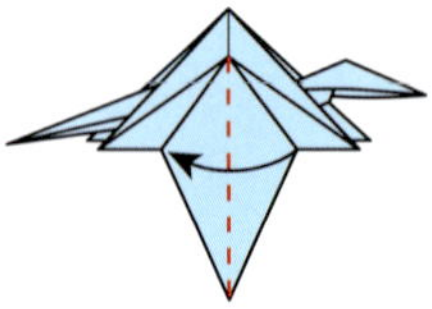

18 Klappen Sie danach die Drachenform wie vorgegeben von rechts nach links.

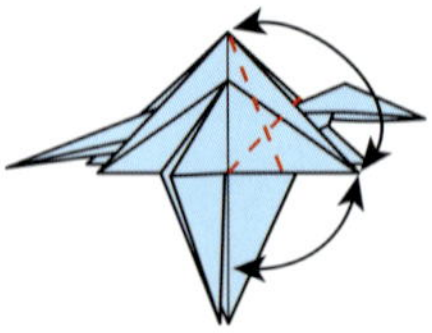

19 Die rechte Spitze auf die obere Spitze der Figur falten, wieder öffnen und dann nach unten auf die senkrechte Mitte falten. Auch diese Faltung wieder öffnen.

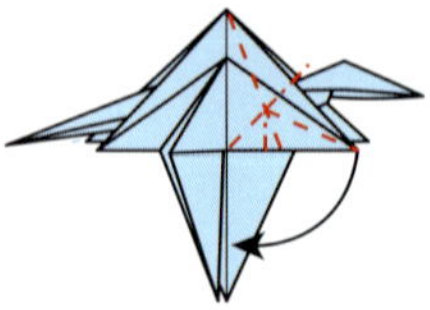

20 Die rechte Spitze zu einem Hasenohr zusammendrücken. Dieses nach unten legen.

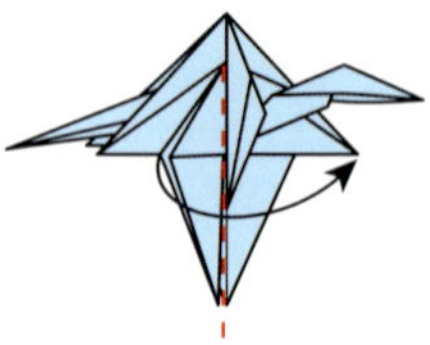

21 Die innere linke Spitze entlang der senkrechten Mittellinie nach rechts legen. Wiederholen Sie danach die Faltschritte 19–22 spiegelverkehrt auf der linken Seite. Anschließend die Schritte 19–22 auf der Rückseite wiederholen.

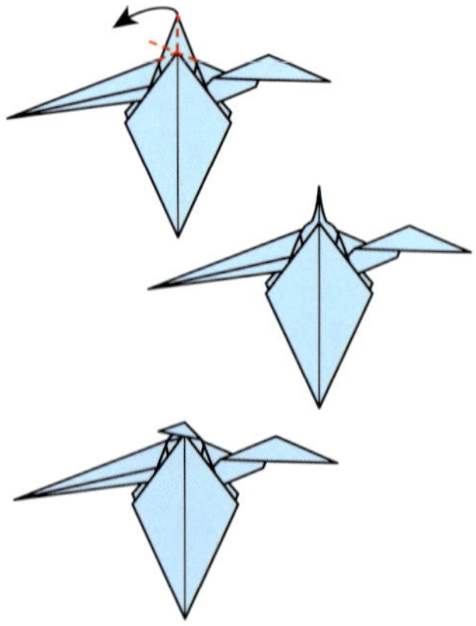

22 Die obere kleine Spitze zusammendrücken und nach links legen.

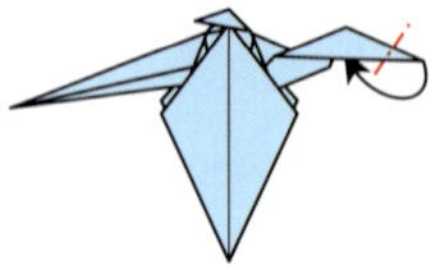

23 Die kleine Spitze rechts (Drachenkopf) nach innen falten.

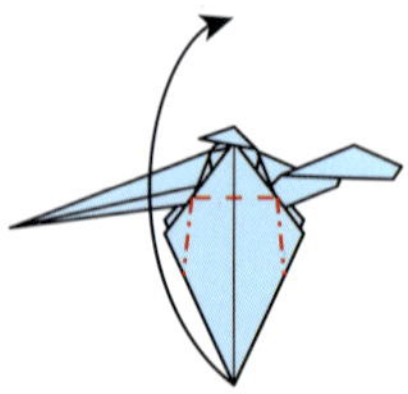

24 Den Flügel nach oben ziehen, die dabei entstehenden kleinen Dreiecke rechts und links flach drücken. Wiederholen Sie den Schritt auf der Rückseite.

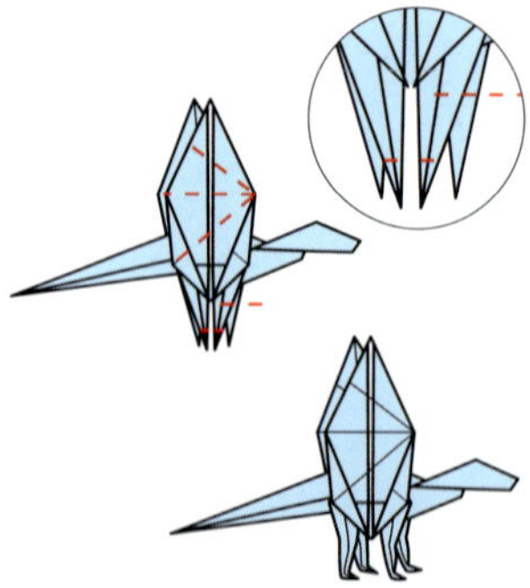

25 Arbeiten Sie nun die Flügelknicke auf Vorder- und Rückseite sowie die Faltungen an den vier Beinen wie abgebildet.

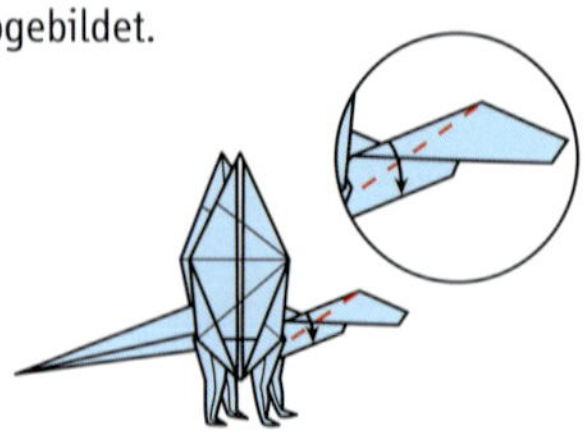

26 Die kleine obere Kante am Hals auf Vorder- und Rückseite nach unten knicken, dabei den Kopf in Form bringen.

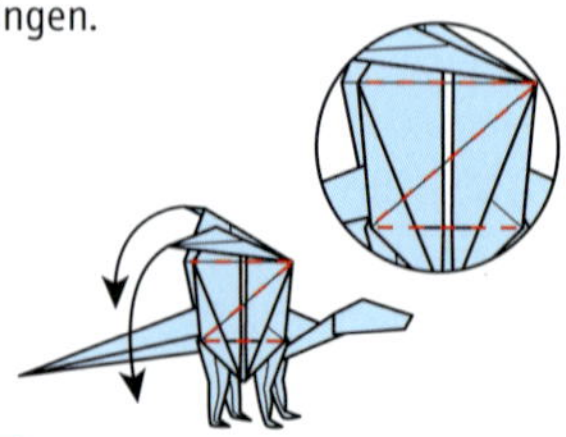

27 Die Flügel ausrichten.

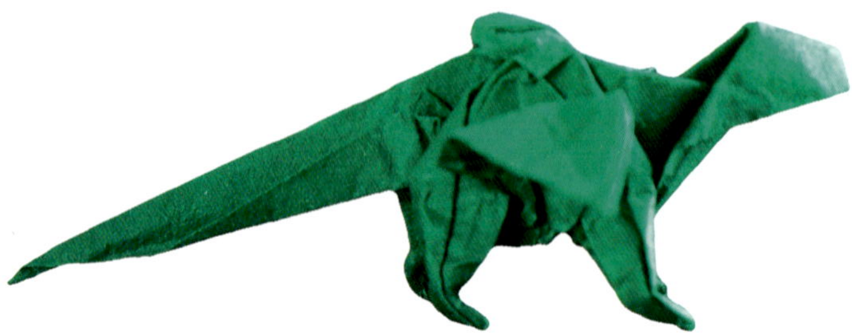

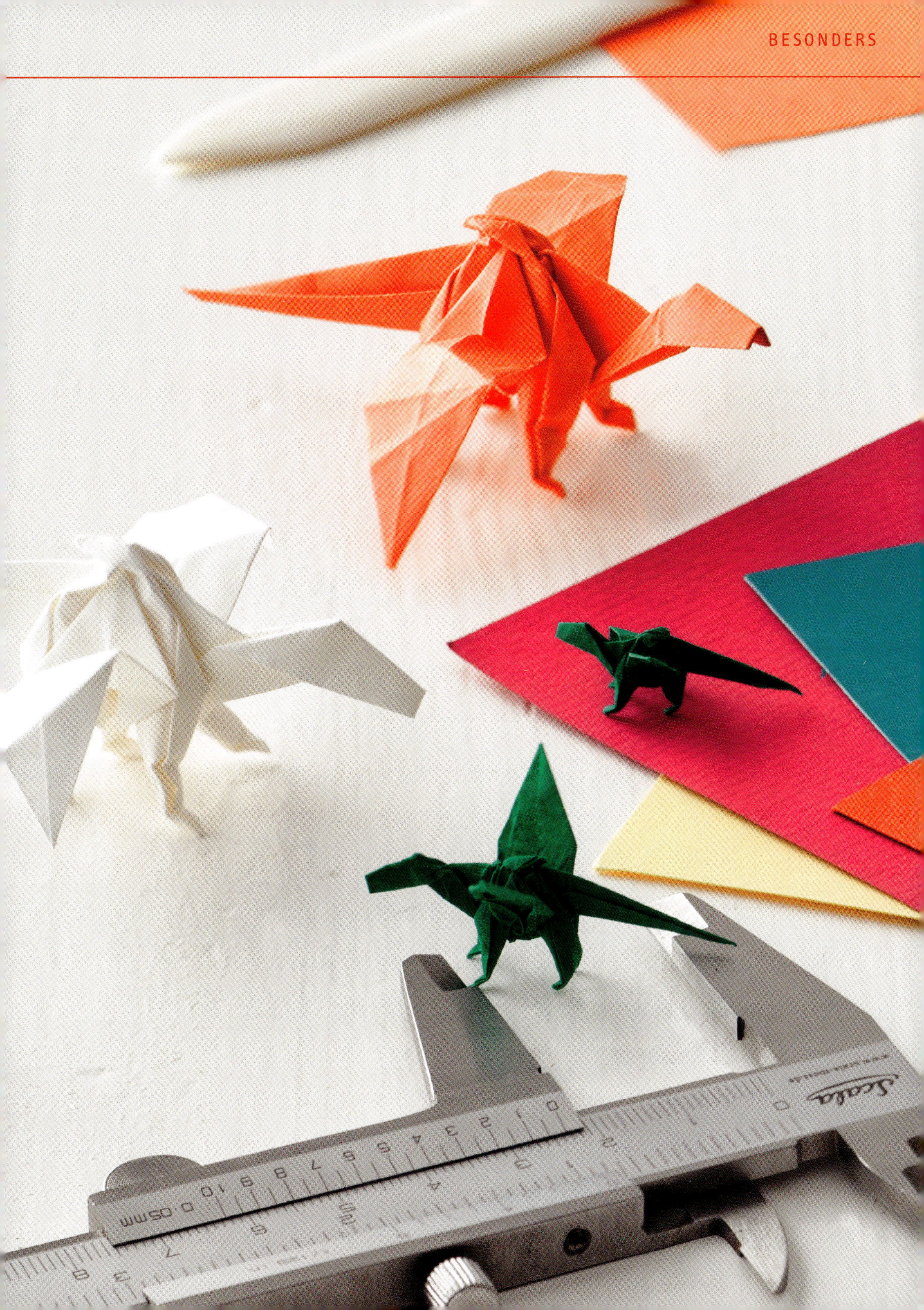

Kleines Mäuschen

Besucher im Mini-Format

MATERIAL PRO MAUS

- 1 Blatt einfarbiges Origamipapier in Schwarz, Grau oder Weiß, wahlweise 10 cm x 10 cm oder 3,5 cm x 3,5 cm

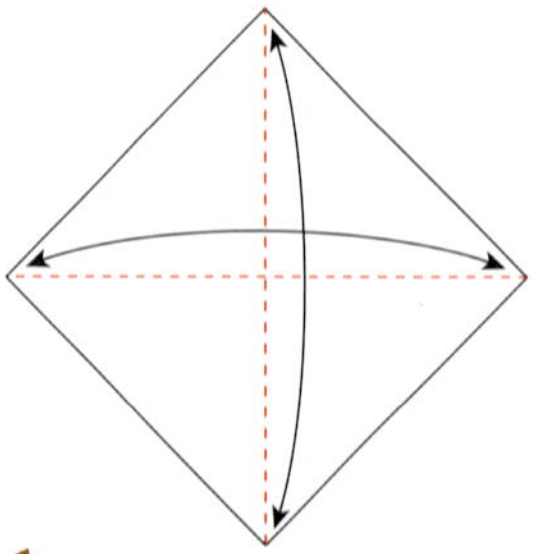

1 Falten Sie die angegebenen Talfalten und öffnen Sie alle wieder.

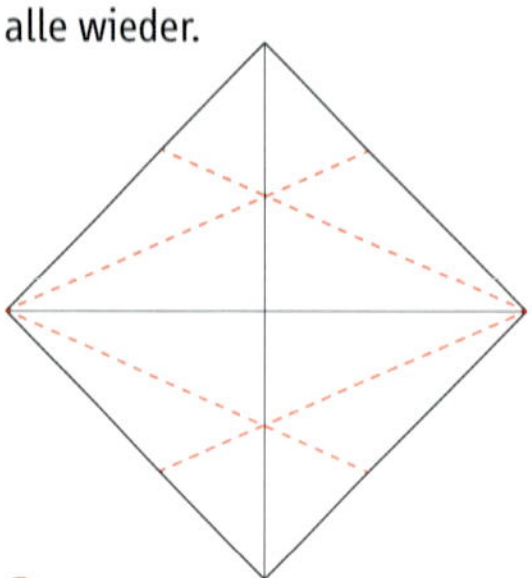

2 Falten Sie nun jede Papierkante zur waagerechten Mittellinie und öffnen Sie auch diese Faltungen wieder.

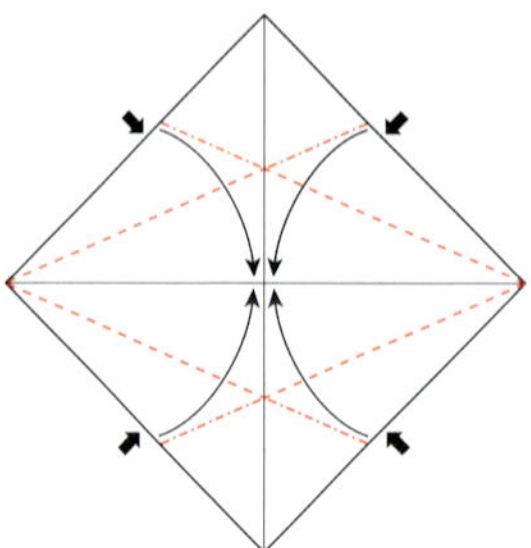

3 Das Papier an den markierten Stellen eindrücken; so schiebt sich das Papier zusammen, es entstehen die sogenannten Hasenohren.

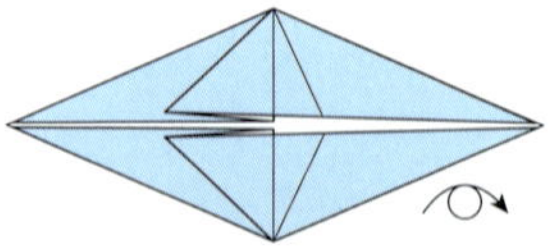

4 So sieht die Figur jetzt aus. Wenden Sie die Faltarbeit und achten Sie darauf, dass die kleinen Flügel nach links zeigen.

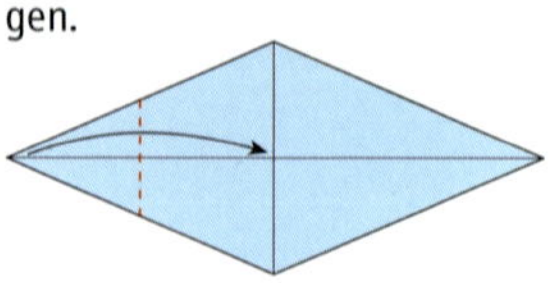

5 Falten Sie nun die linke Spitze bis zur Mitte.

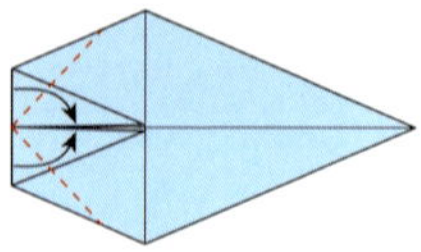

6 Danach falten Sie die Ecken links so um, dass die Spitzen die senkrechte Mittellinie berühren.

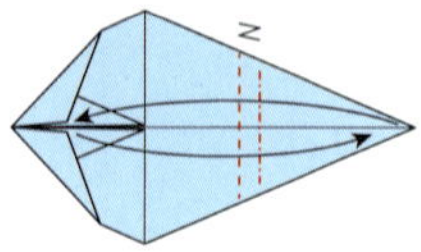

7 Die rechte Spitze wie abgebildet im Zickzack nach links falten.

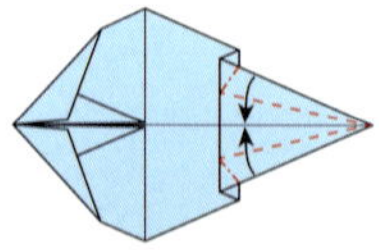

8 Die Kanten der rechten Spitze werden auf die senkrechte Mittellinie gefaltet. Die dabei entstehenden Dreiecke gut flach drücken.

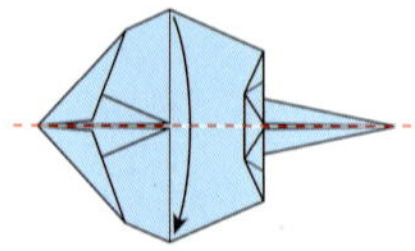

9 Die Faltarbeit nun von oben nach unten zusammenklappen.

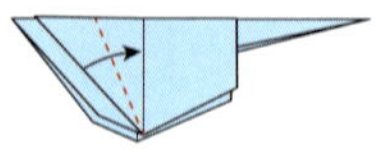

10 Das Ohr an der markierten Linie nach rechts falten. Auf der Rückseite wiederholen.

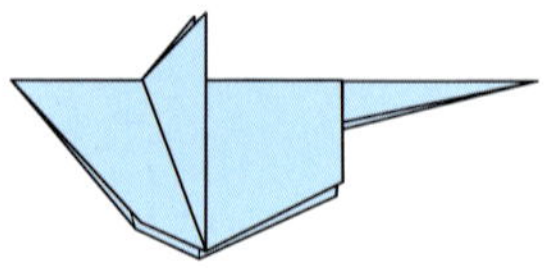

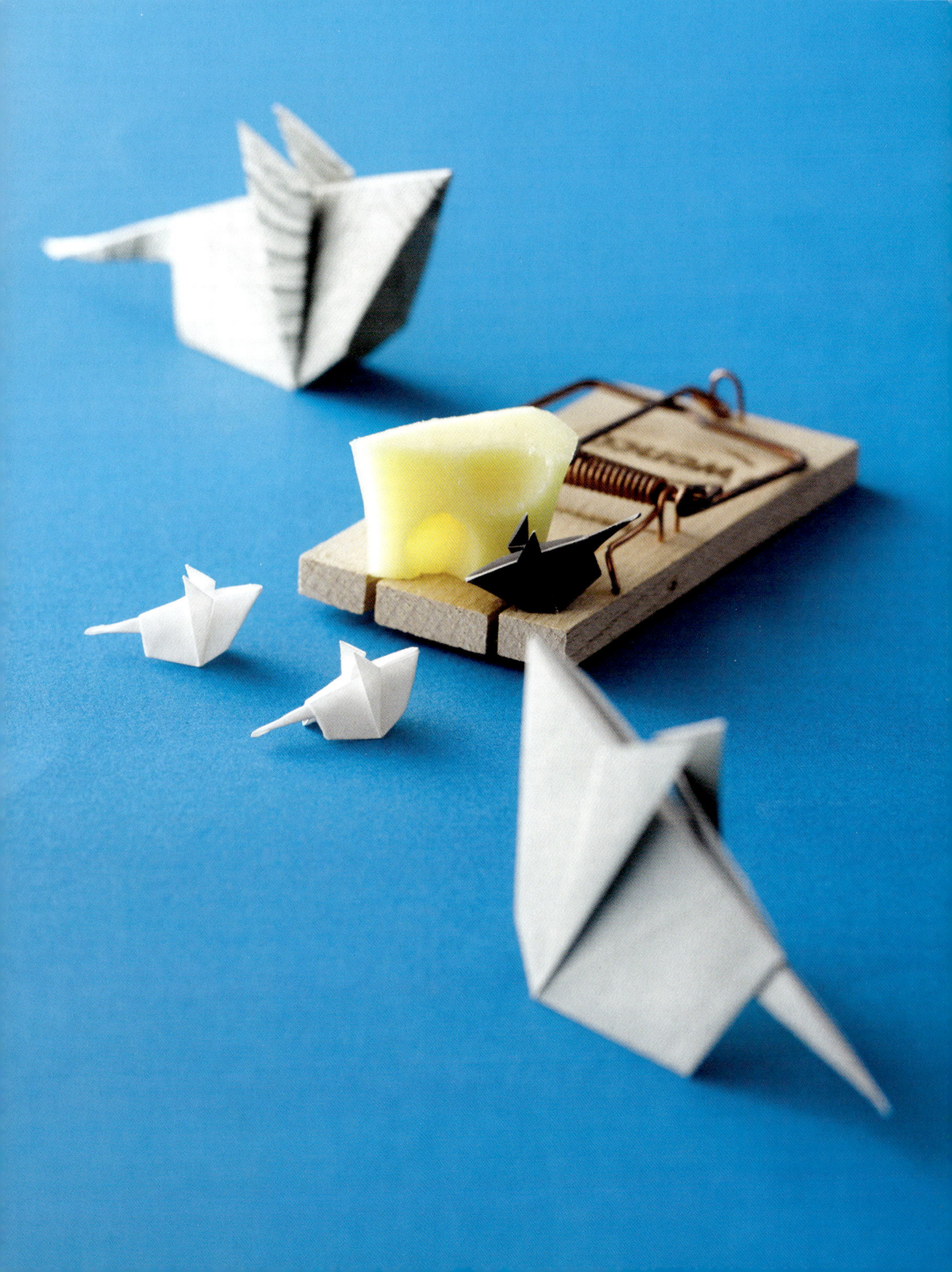

Blumengruß

ideal als Geschenk

MATERIAL PRO BLUME

- 1 Blatt Origamipapier in Grün, wahlweise 6 cm x 6 cm oder 2,5 cm x 2,5 cm
- 1 Blatt durchgefärbtes Origamipapier oder Duo-Color-Papier in beliebiger Farbe, wahlweise 6 cm x 6 cm oder 2,5 cm x 2,5 cm

Blüte

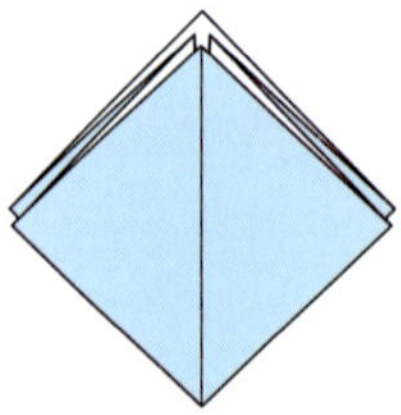

1 Beginnen Sie mit dem zusammengeschobenen Quadrat (siehe „So wird's gemacht"). Die offene Spitze liegt oben.

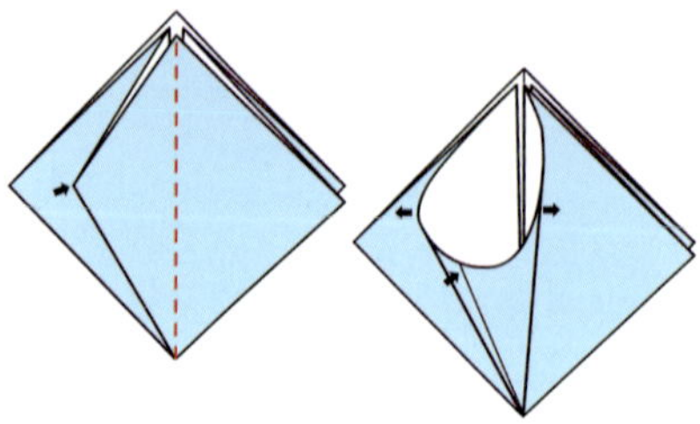

2 Klappen Sie die linke vordere Papierlage zur Mitte, öffnen Sie sie etwas und drücken Sie die Spitze flach auf die Mittellinie, sodass beide aufeinanderliegen.

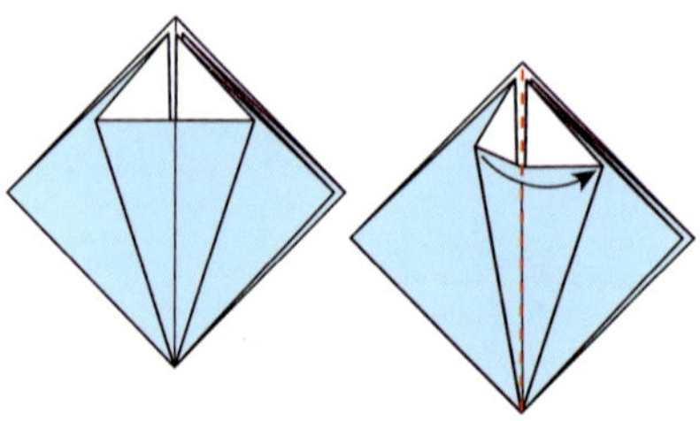

3 Eine Art Drachenfigur ist entstanden. Klappen Sie die obere linke Lage nach rechts und wiederholen Sie Schritt 2 an den restlichen drei Spitzen.

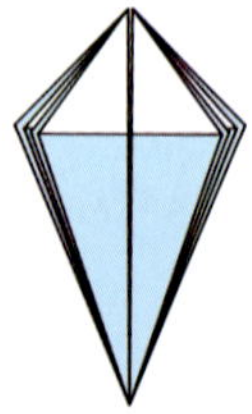

4 So sieht die Faltarbeit nun aus.

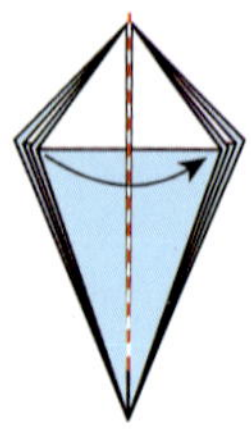

4a Den linken Flügel nach rechts umlegen, die Arbeit wenden und den Vorgang auf der Rückseite wiederholen.

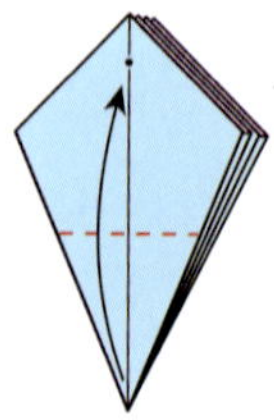

5 Falten Sie die untere Spitze auf den markierten Punkt. Faltung gut glatt streichen und wieder öffnen.

Weiter geht es auf Seite 32.

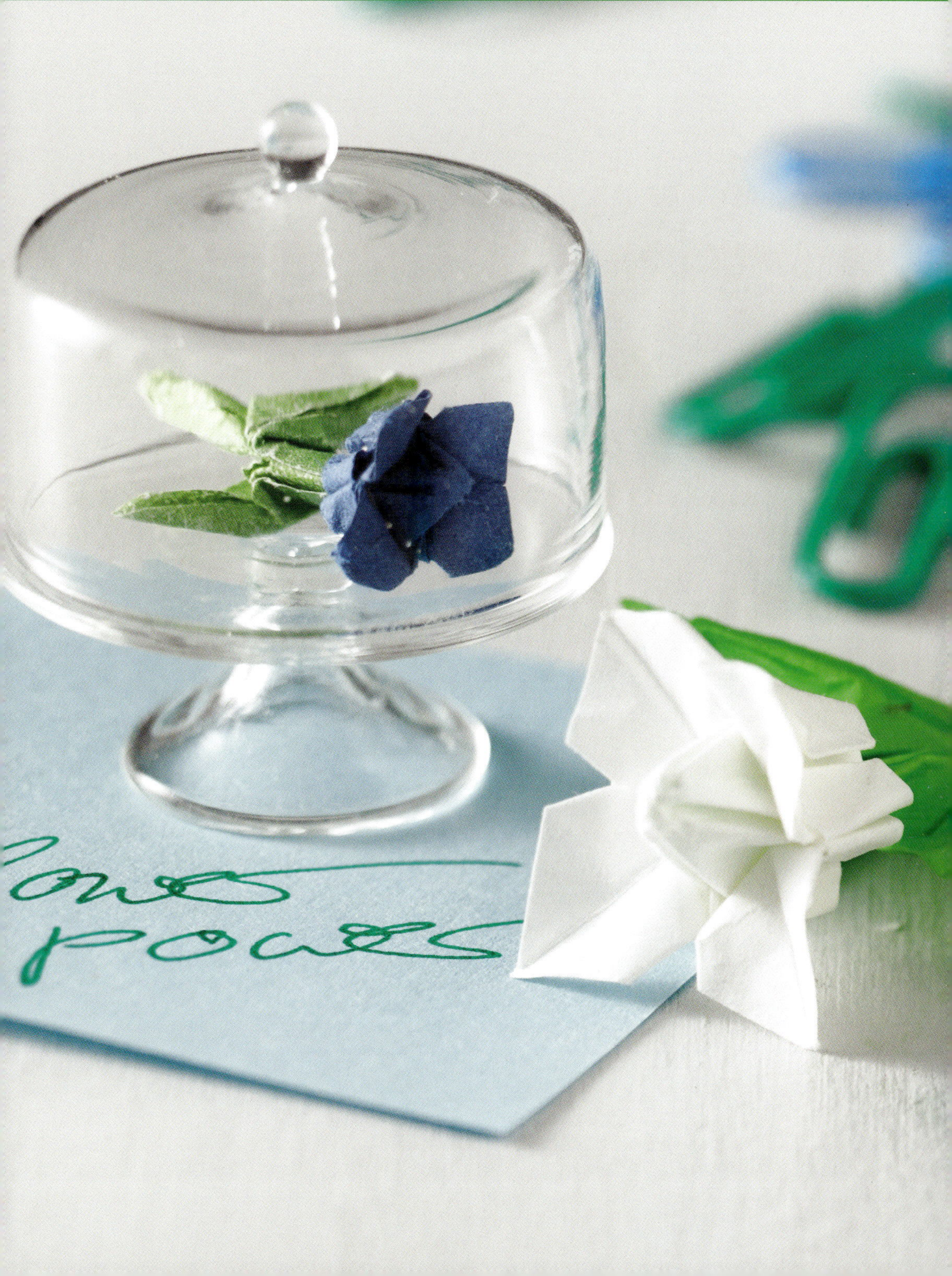

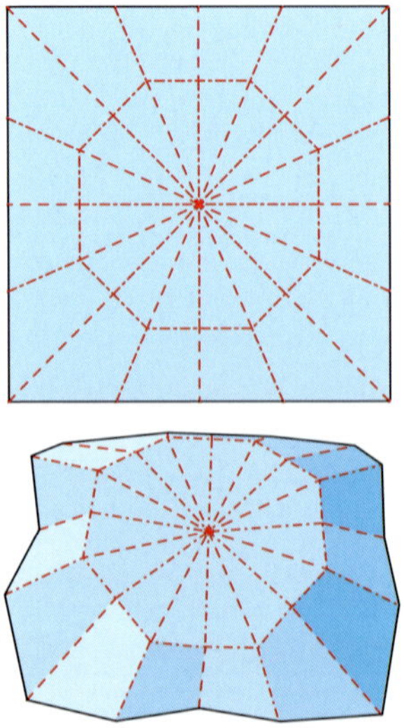

6 Alle Faltungen wieder öffnen. Zuerst die ringförmig angeordneten Linien in Bergfalten umwandeln.

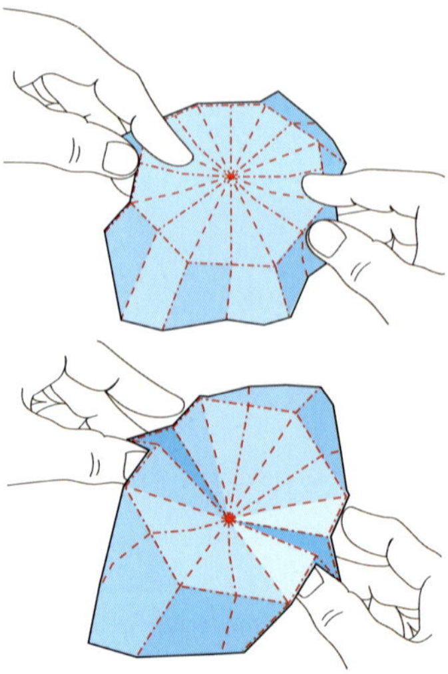

7 Halten Sie die Figur wie abgebildet. Drücken Sie jeweils zwei gegenüberliegende Dreiecke mittels Berg- und Talfalten zusammen.

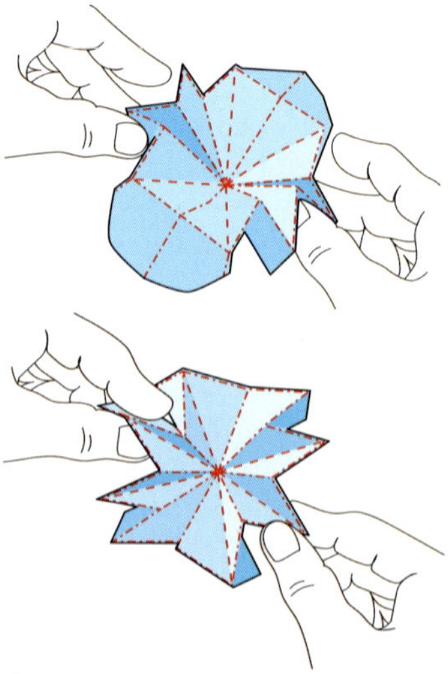

8 Wiederholen Sie Schritt 7 an allen weiteren Dreiecken.

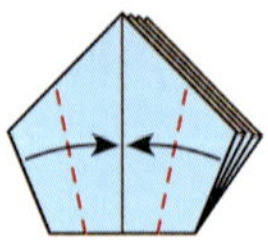

9 Danach legen Sie die Figur wieder zusammen. Sie sollte wie abgebildet vor Ihnen liegen. Die obere Papierlage rechts und links jeweils zur Mittellinie falten. Auf der Rückseite wiederholen.

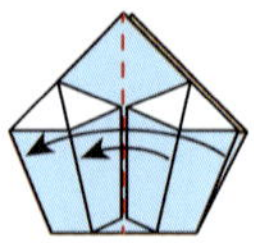

10 Klappen Sie die zwei rechten Papierlagen nach links. Auf der Rückseite wiederholen.

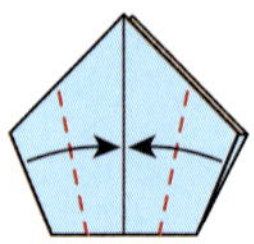

11 Falten Sie nun auch hier wieder die obere Papierlage zur Mittellinie. Wiederholen Sie diesen Schritt ebenso auf der Rückseite.

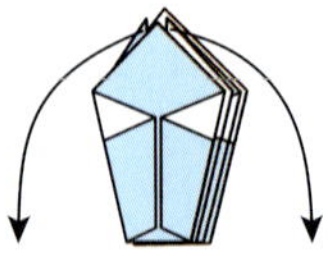

12 Ziehen Sie die innenliegenden Blütenblätter wie angegeben rechts und links nach unten.

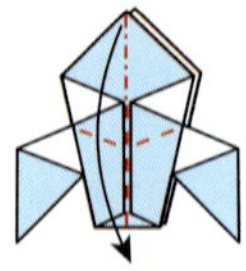

13 Die Blütenblätter auf Vorder- und Rückseite ebenfalls nach unten ziehen, danach die Blüte ausformen.

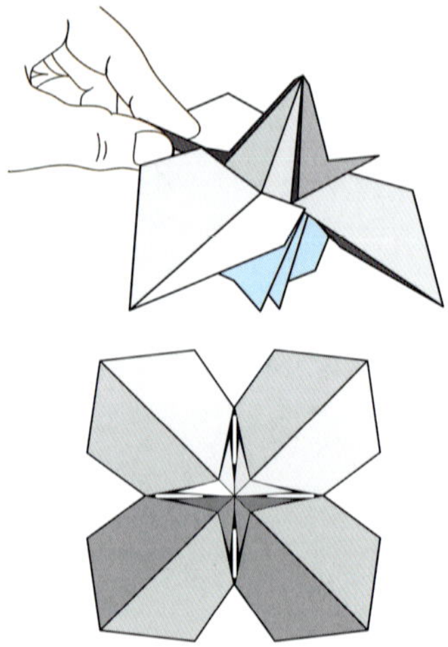

Stiel

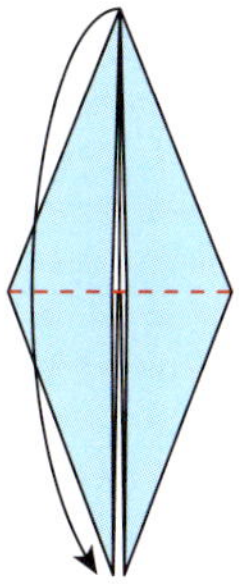

1 Beginnen Sie mit der Vogelgrundform. Die offene Spitze zeigt nach unten. Klappen Sie die obere Spitze wie abgebildet nach unten auf die untere Spitze.

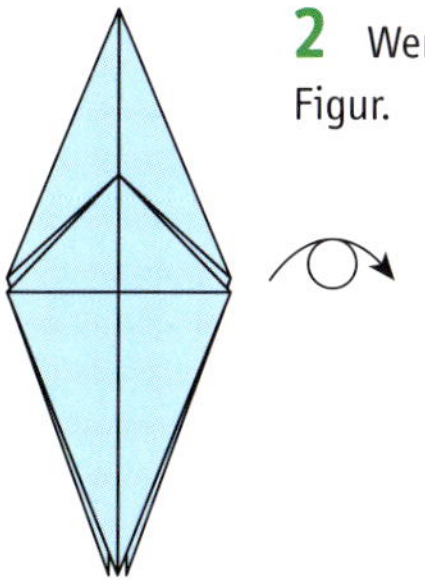

2 Wenden Sie die Figur.

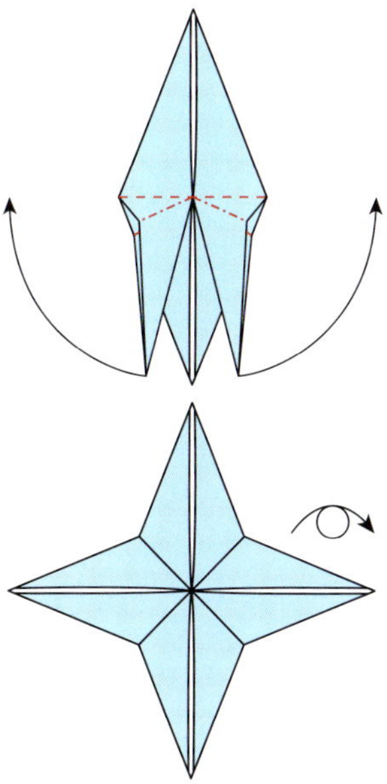

3 Ziehen Sie die rechte bzw. linke untere Spitze nach oben und drücken Sie diese zur Drachenform flach. Wenden Sie die Figur wieder.

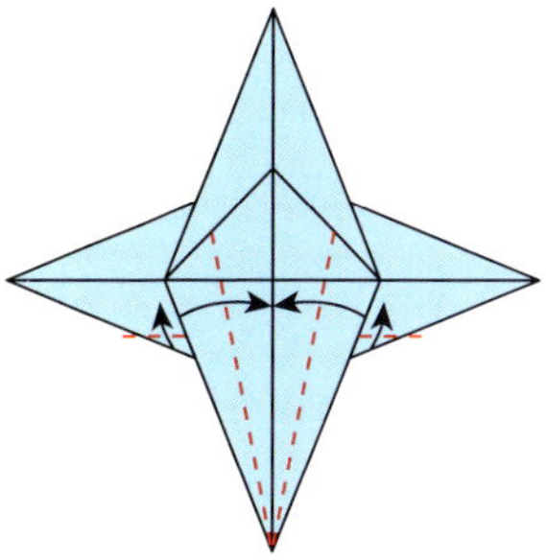

4 Die seitlichen Papierkanten der unteren Spitze werden nun auf die Mitte gefaltet. Achten Sie auf einen kleinen Spalt, das Erleichtert die nächsten Faltschritte. Die dabei entstehenden kleinen Dreiecke flach drücken.

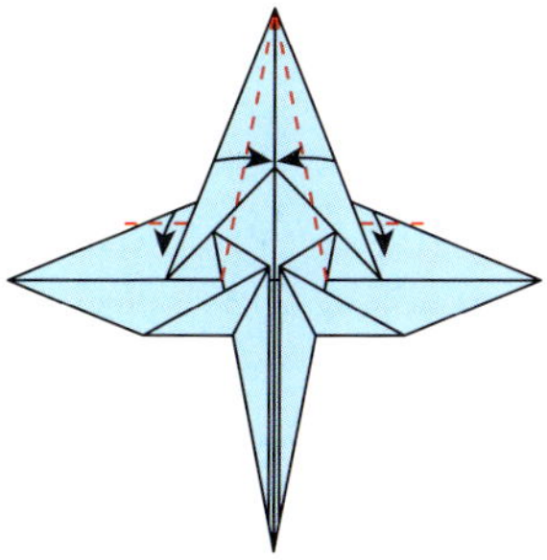

5 Verfahren Sie nun ebenso mit den seitlichen Papierkanten der oberen Spitze.

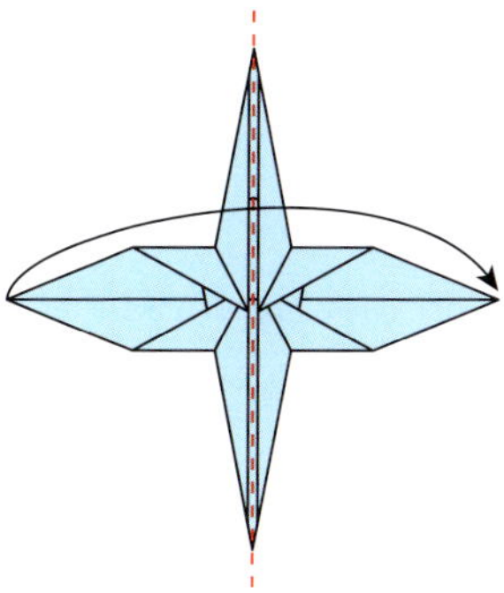

6 Klappen Sie die Figur von links nach rechts zusammen. Gut glatt streichen.

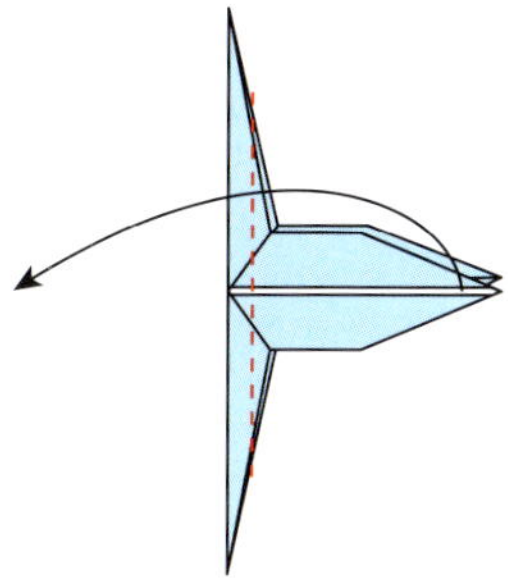

7 Die obere Papierlage nun an der markierten Linie wieder nach links falten.

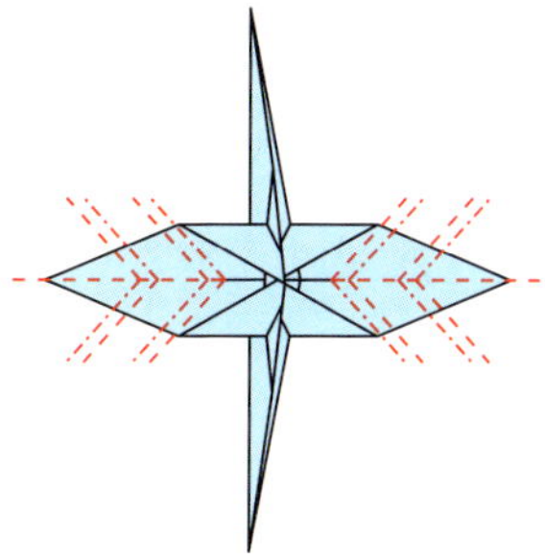

8 Arbeiten Sie nun die Berg- und Talfalten an den Blättern, siehe Abb. 9 bis 14.

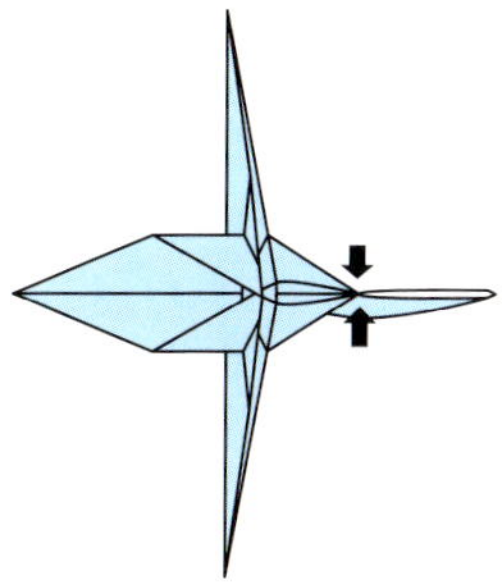

9 Drücken Sie die rechte Spitze zusammen.

Weiter geht es auf Seite 34.

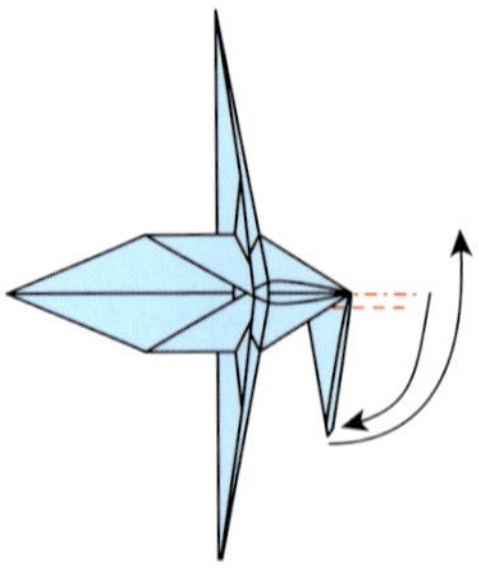

10 Die rechte Blattspitze im Zickzack nach unten und wieder nach oben falten.

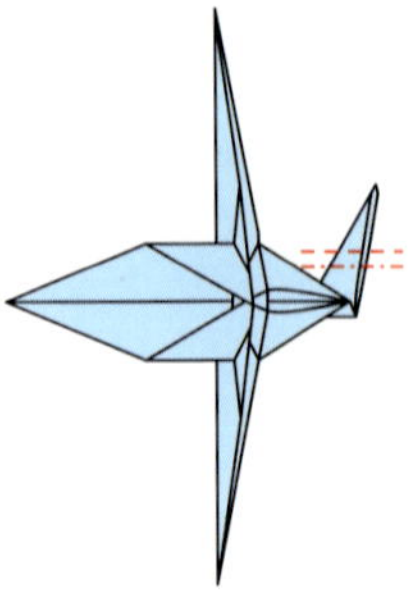

11 Wiederholen Sie Schritt 10 weiter hinten am Ende der Spitze.

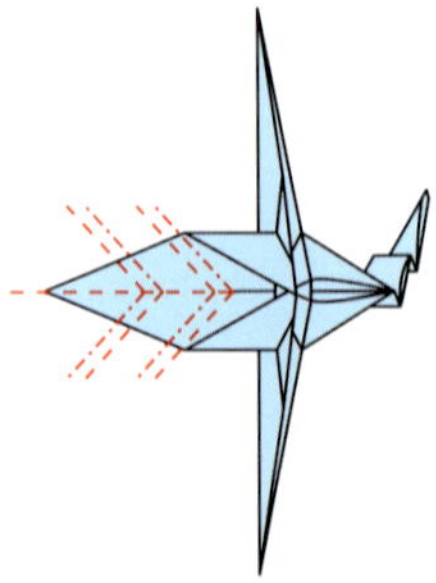

12 Falten Sie auch die linke Spitze wie in Schritt 10 und 11.

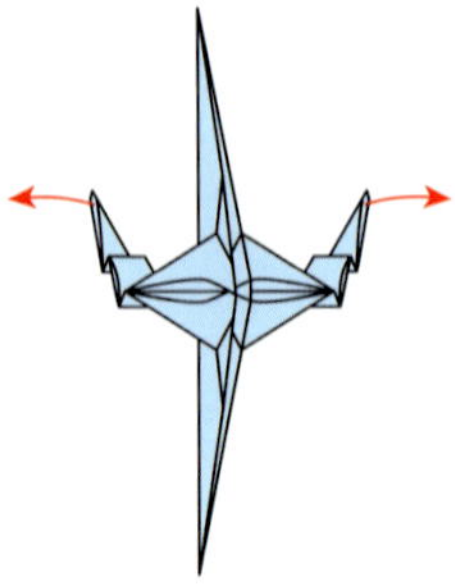

13 Ziehen Sie die linke und rechte Blattspitze nach außen wieder auf.

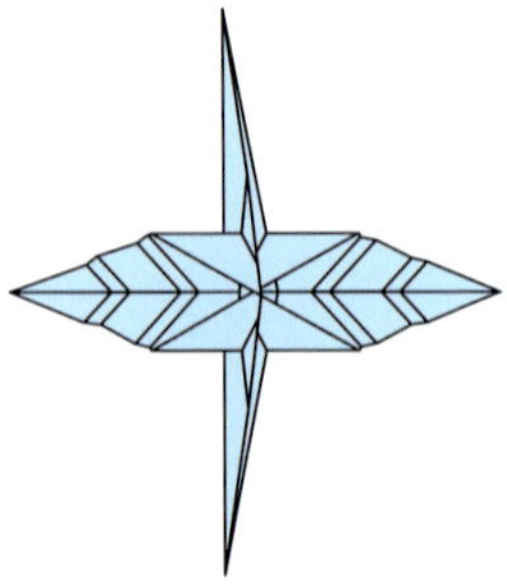

14 So entstehen die Rippen der Blätter.

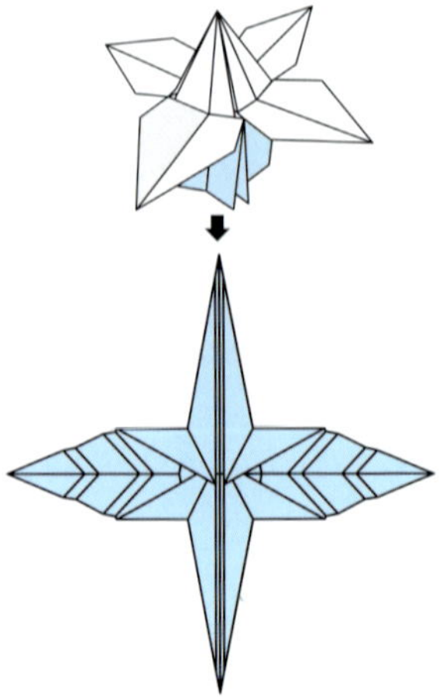

15 Setzen Sie die Blüte auf den Stiel.

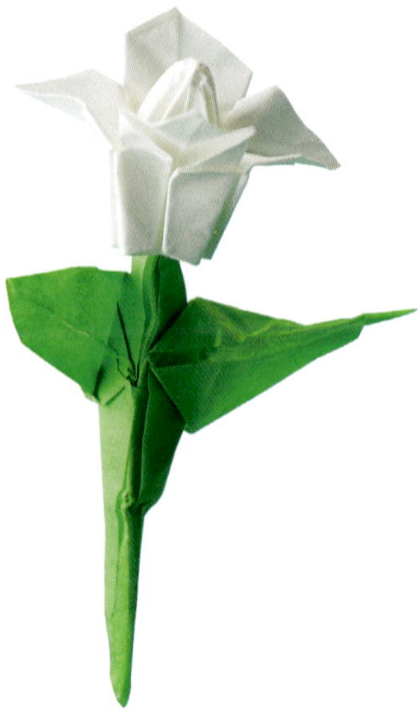

Schiff ahoi!

Segelboot auf hoher See

MATERIAL
PRO BOOT

- 1 Blatt Aquapapier, wahlweise 10 cm x 10 cm, 4 cm x 4 cm oder 2 cm x 2 cm

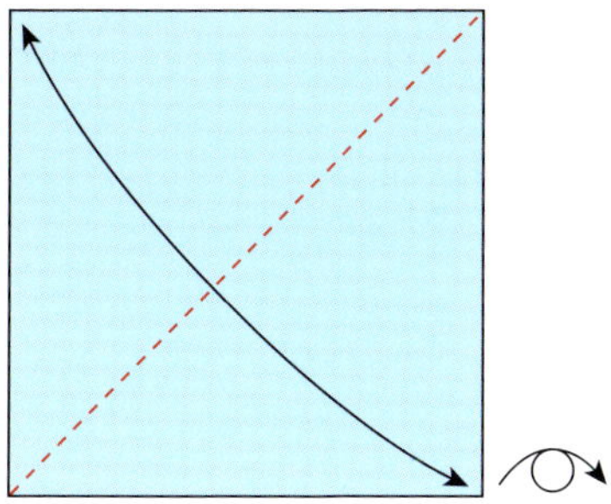

1 Das Papier wie angegeben einmal diagonal falten und wieder öffnen. Danach das Blatt wenden.

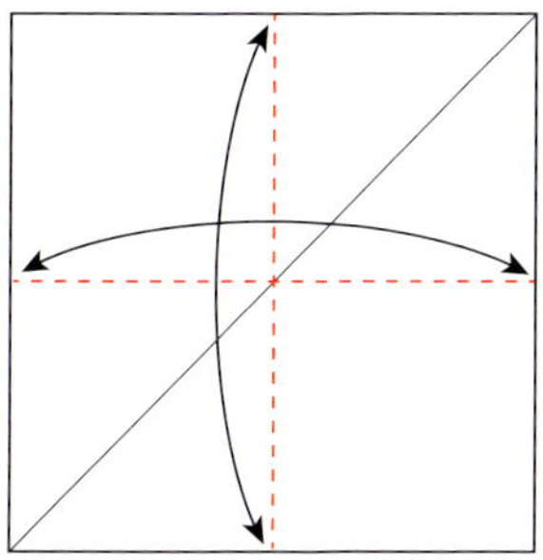

2 Nun das Papier entlang der markierten Linien falten und die Faltungen wieder öffnen.

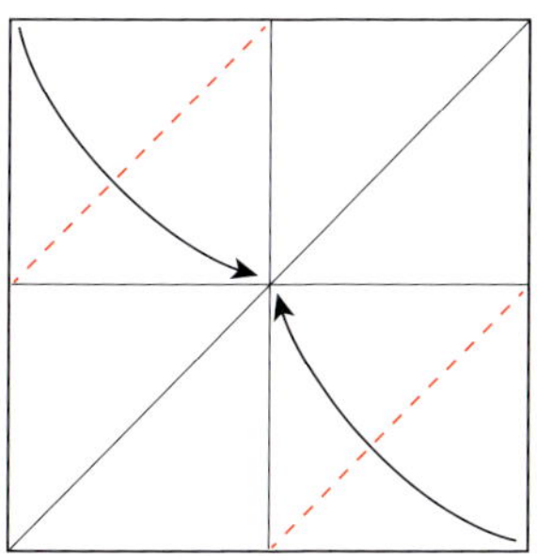

3 Die linke obere Spitze und die rechte untere Spitze auf die Mitte legen. Glatt streichen.

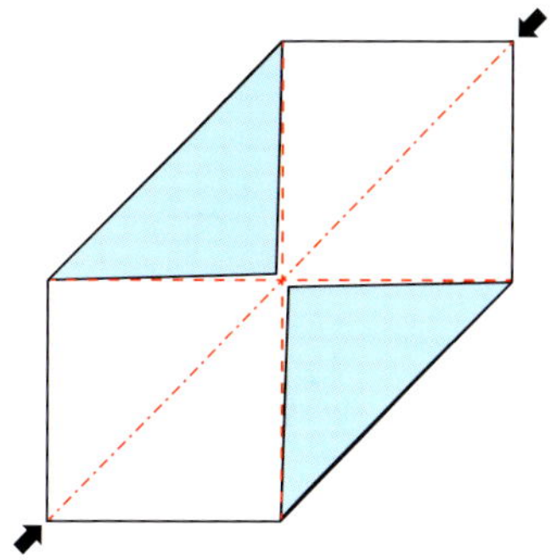

4 Drücken Sie die Figur an den markierten Punkten nach oben. Achten Sie darauf, dass eine Bergfalte entsteht.

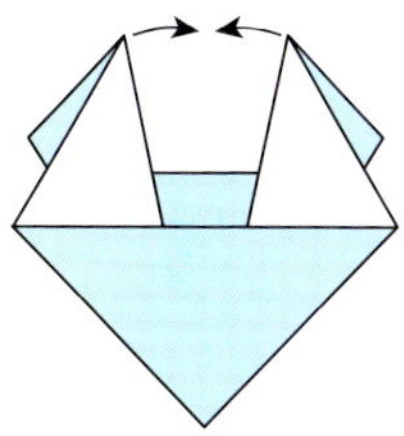

5 Drücken Sie die Figur zusammen und streichen alles glatt.

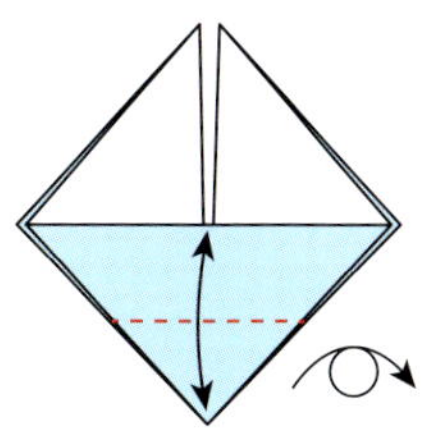

6 Falten Sie die untere Spitze auf die mittlere Papierkante und öffnen Sie die Faltungen 4–6 wieder. Wenden Sie das Blatt.

Weiter geht es auf Seite 36.

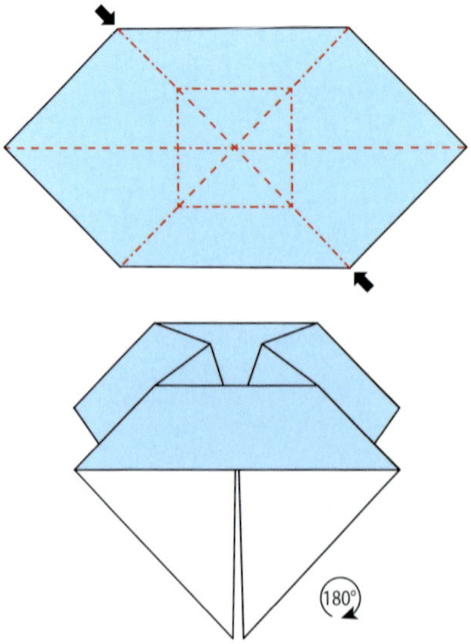

7 Die Faltarbeit muss nun wie abgebildet vor Ihnen liegen. Das mittlere Quadrat wird versenkt und die Figur wieder wie in Schritt 5 zusammengeschoben. Drehen Sie die Faltarbeit um 180°.

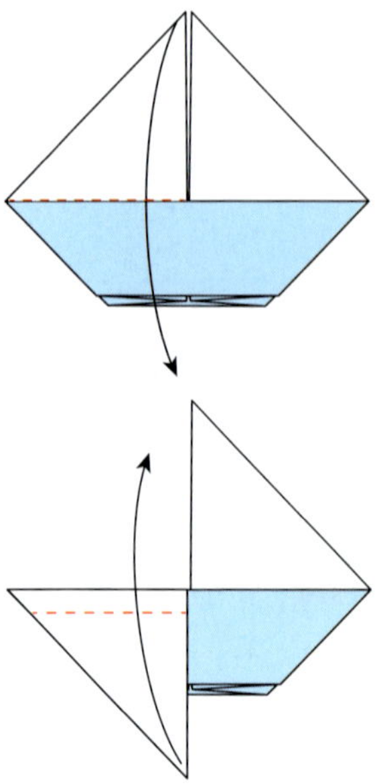

8 Legen Sie das linke Segel entlang der mittleren Kante nach unten und im nächsten Schritt an der markierten Linie wieder nach oben.

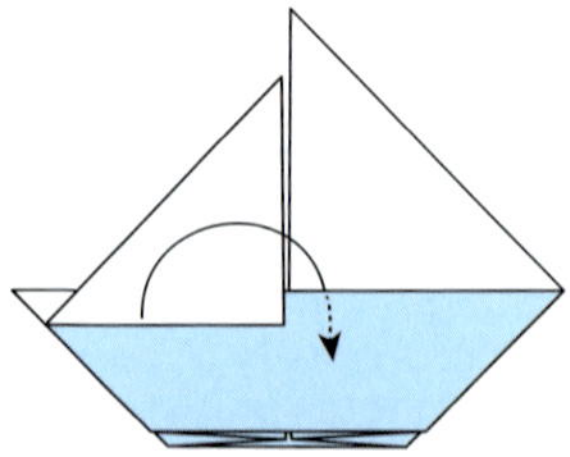

9 Das linke Segel wird nun unter die mittlere Kante geschoben.

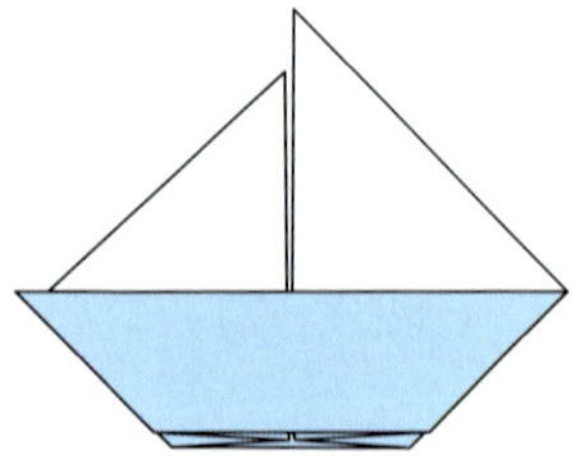

10 Nun ist Ihr Segelschiff schwimmfähig.

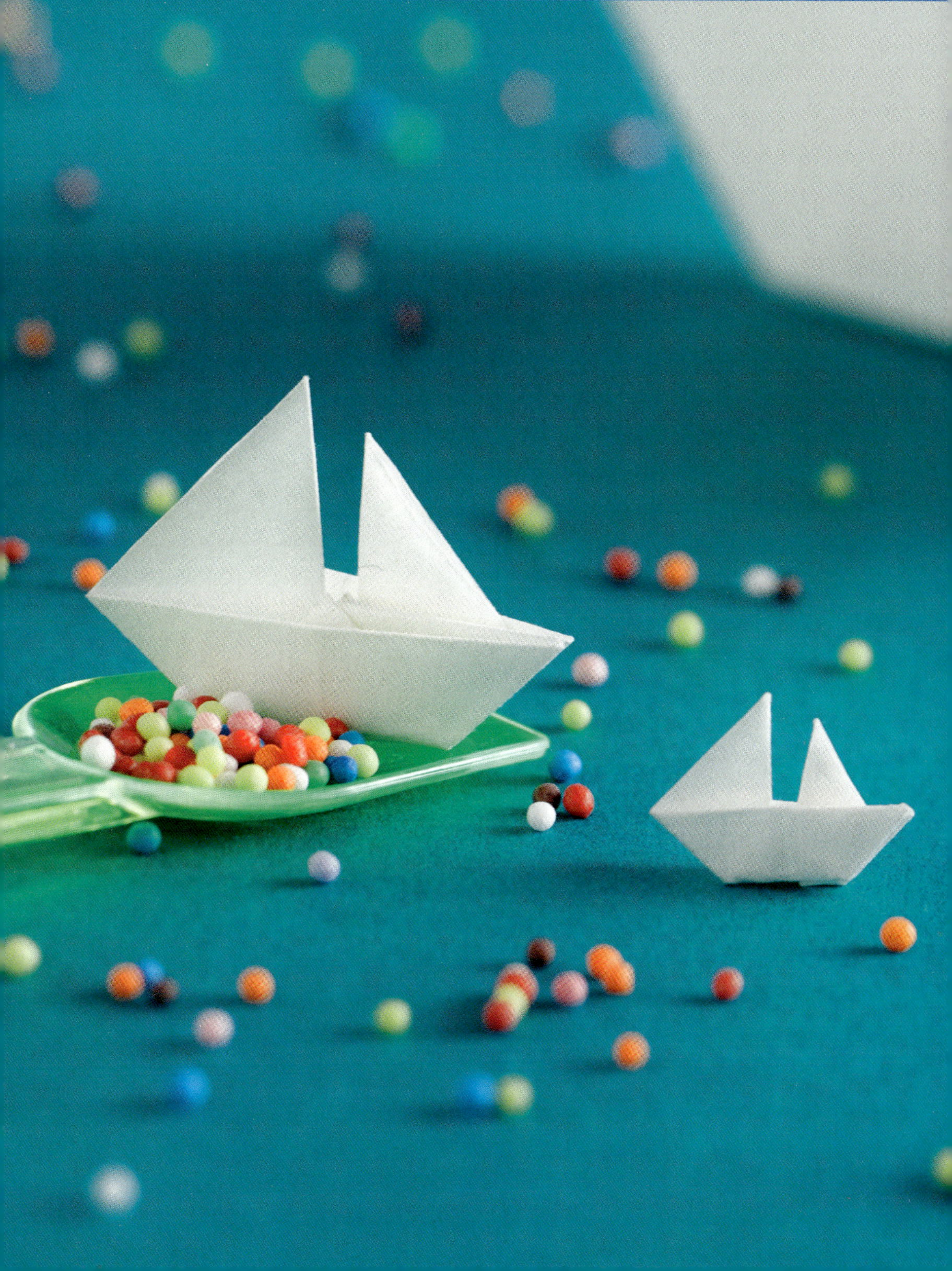

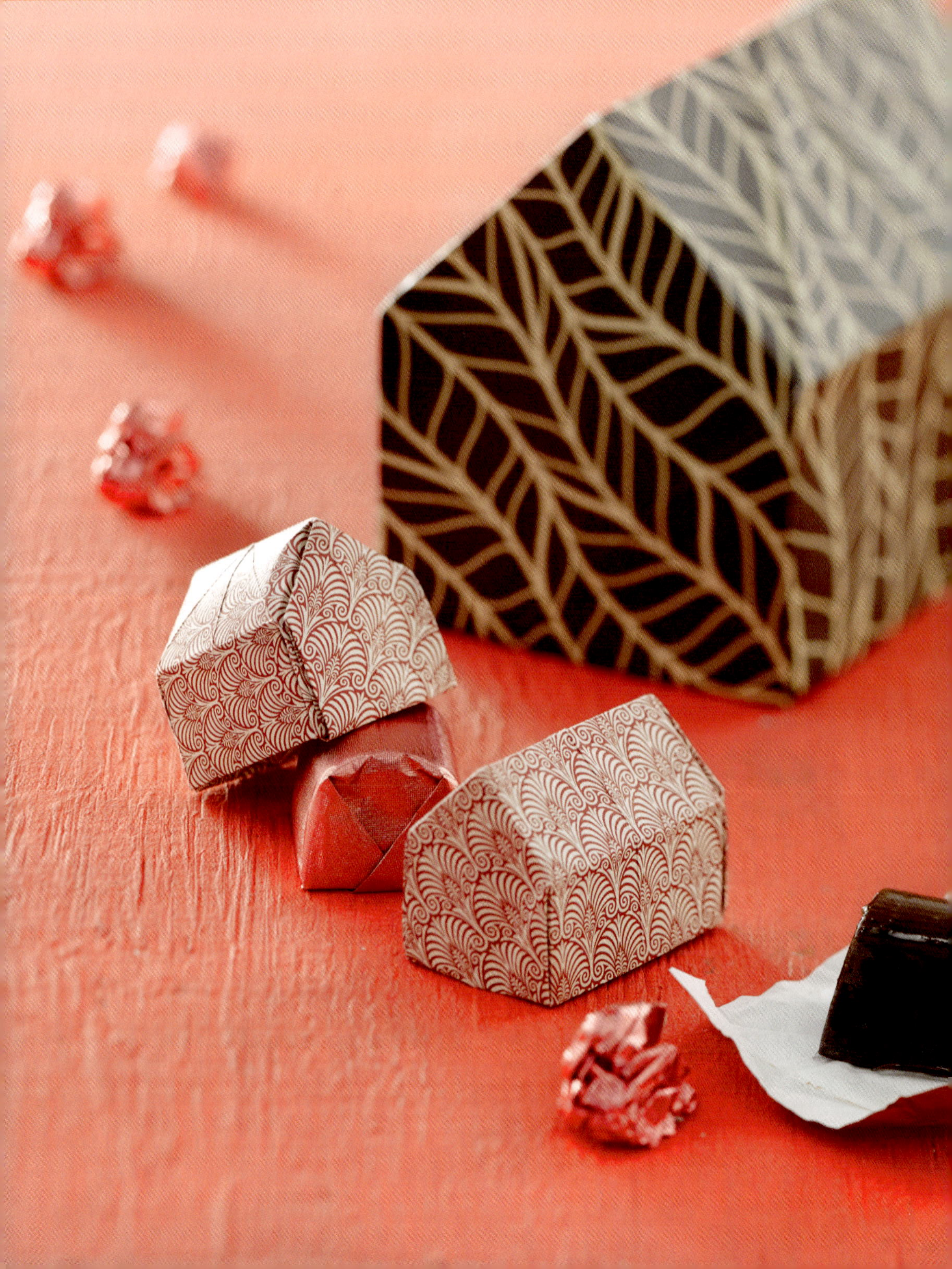

Unter Dach und Fach

sicher und behütet

MATERIAL
PRO HAUS

- 1 Blatt Origamipapier in beliebiger Farbe, wahlweise 15 cm x 15 cm, 10,5 cm x 10,5 cm

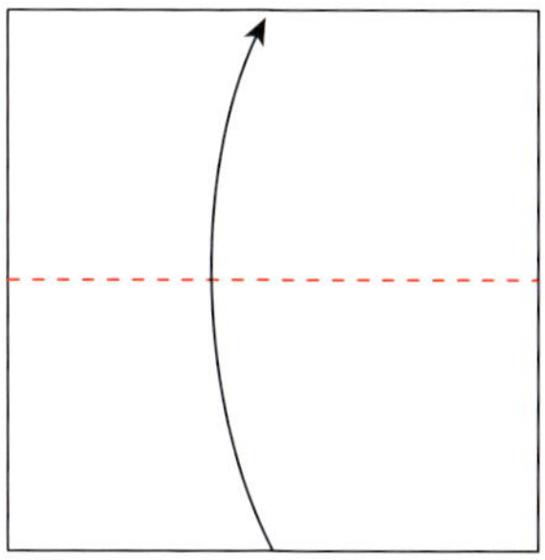

1 Die farbige Seite des Papiers liegt unten. Falten Sie die angegebene Talfalte.

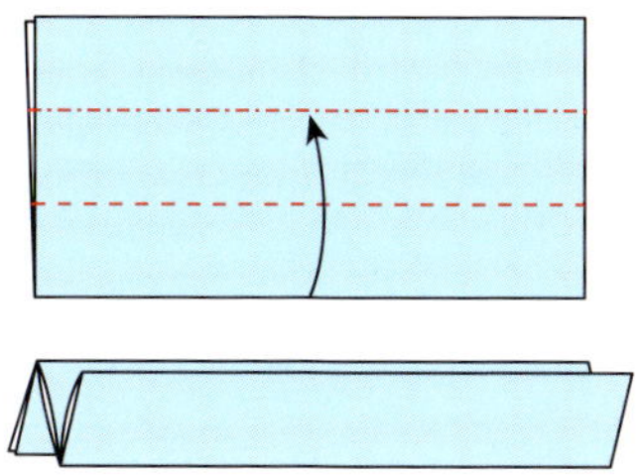

2 Dritteln Sie nun das Papier und falten es mithilfe der markierten Berg- und Talfalte im Zickzack. Danach öffnen Sie das Blatt wieder.

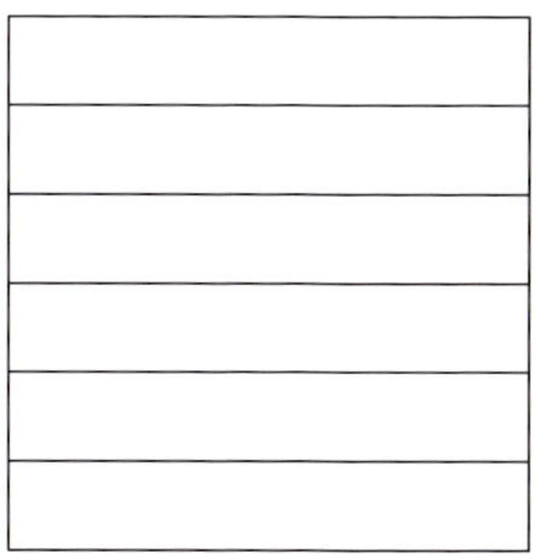

3 Wiederholen Sie nun Schritt 2 von rechts nach links. Auch danach das Blatt wieder öffnen.

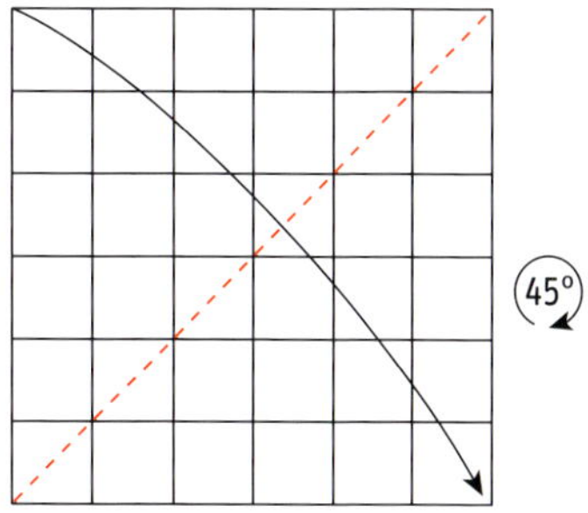

4 Falten Sie das Blatt diagonal von der linken oberen Ecke zur rechten unteren Ecke. Drehen Sie danach zum einfacheren Arbeiten das Papier um 45°.

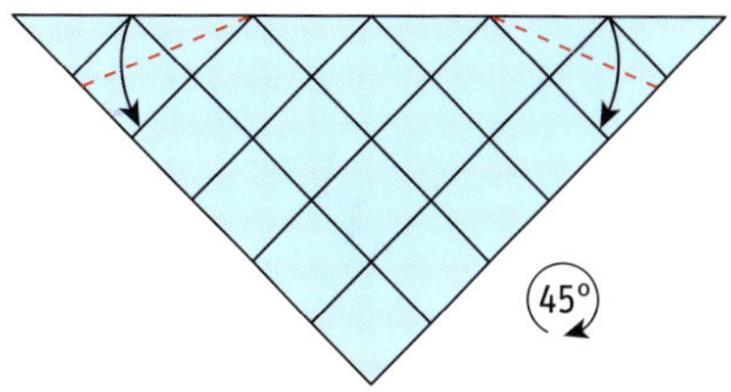

5 Die rechte und linke obere Spitze wird an der markierten Linie nach unten gefaltet. Das Blatt komplett öffnen und wieder um 45° drehen.

Weiter geht es auf Seite 40.

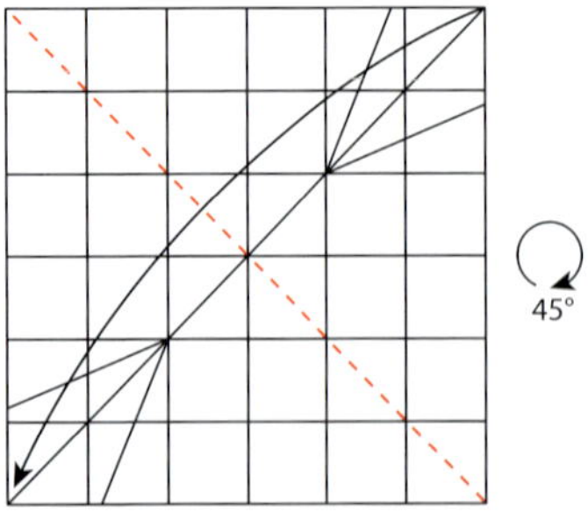

6 Falten Sie nun das Blatt diagonal von der rechten oberen Ecke zur linken unteren Ecke. Drehen Sie das Papier um 45° und wiederholen Sie hier Schritt 5.

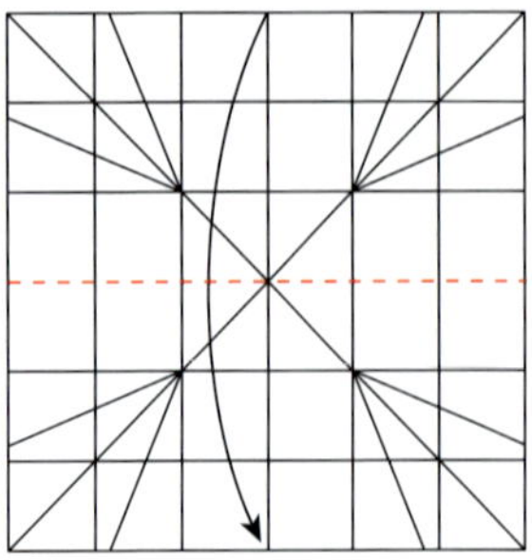

7 Legen Sie die obere Papierkante auf die untere Papierkante.

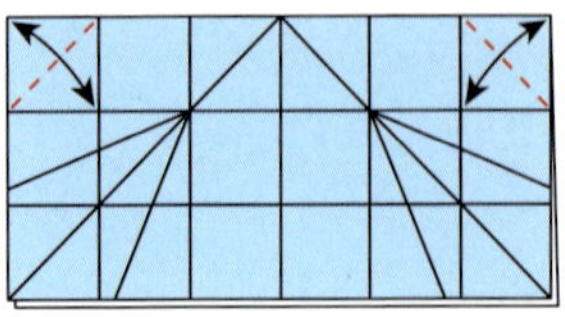

8 Falten Sie die obere rechte und linke Ecke an der markierten Linie nach unten und öffnen Sie diese Faltung wieder. Danach legen Sie die Ecken nach innen.

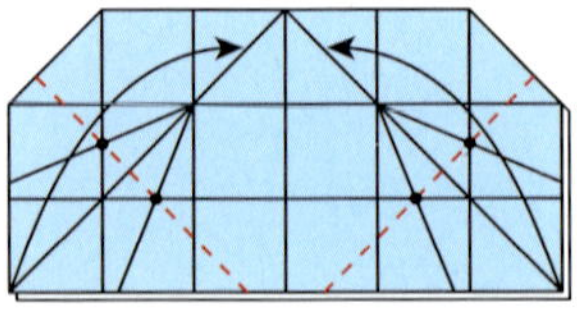

9 Die obere Papierschicht der unteren rechten und linken Spitze an der markierten Linie nach oben falten. Achtung: die Talfalte muss durch die markierten Punkte führen! Die Faltung wieder öffnen und den Faltschritt auf der Rückseite wiederholen.

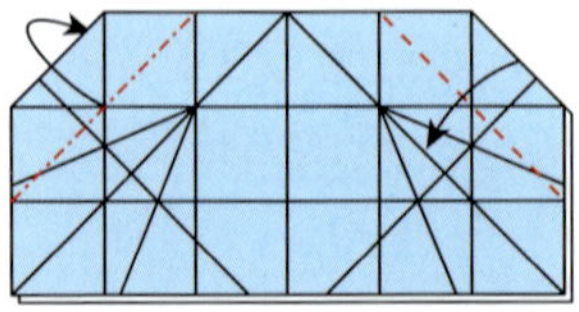

10 Die oberen Ecken werden nun wie angegeben rechts schräg nach vorn und links schräg nach hinten gefaltet.

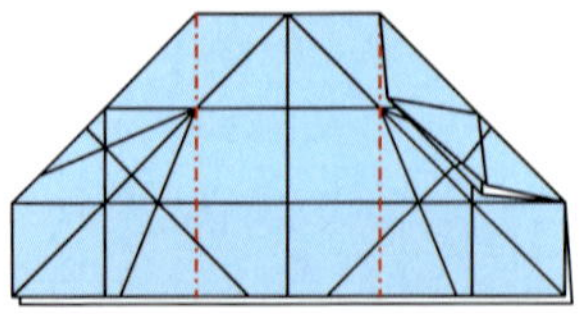

11 Falten Sie an den beiden markierten Linien jeweils eine Bergkante.

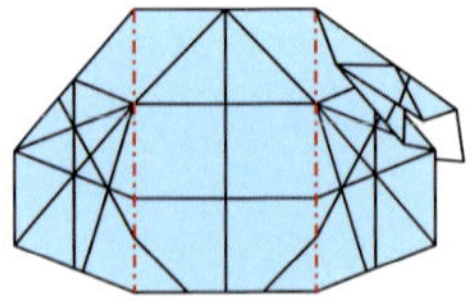

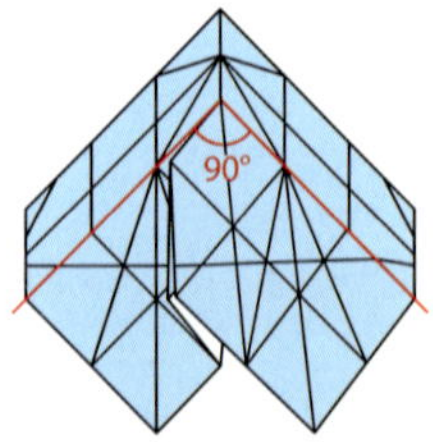

11a Greifen Sie von unten in die Faltarbeit und stellen Sie die Figur so auf, dass sich vorn und hinten ein Rechteck bildet. Der Dachgiebel bekommt somit einen 90°-Winkel.

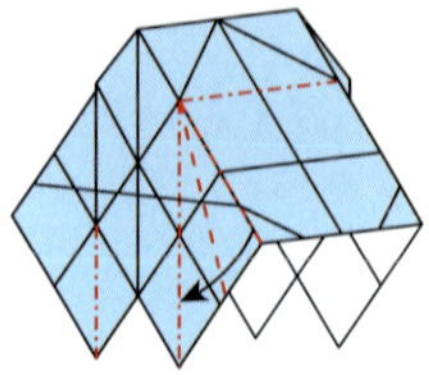

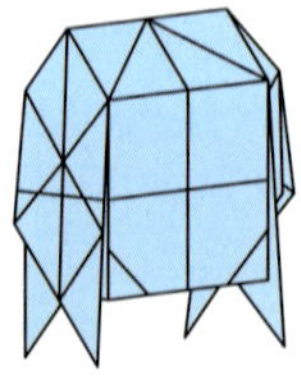

12 Legen Sie die rechte markierte Kante auf die linke markierte Kante. Befolgen Sie dabei genau die Anordnung der Berg- und Talfalten. Wiederholen Sie diesen Faltschritt an den anderen drei Ecken.

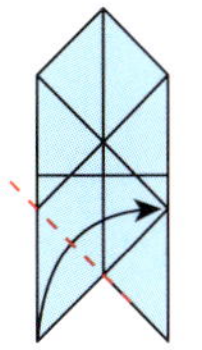

13 Falten Sie die linke untere Ecke an der markierten Kante nach rechts.

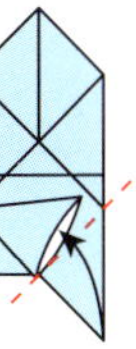

14 Schieben Sie nun die rechte untere Ecke nach links in die Tasche der linken Ecke. Wiederholen Sie Faltschritt 13 und 14 auf der Rückseite.

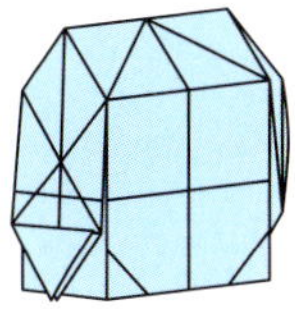

15 So muss Ihre Figur jetzt aussehen.

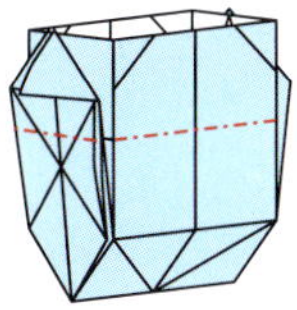

16 Drehen Sie die Figur um 180°. Stülpen Sie die obere Kante an der markierten Linie nach innen.

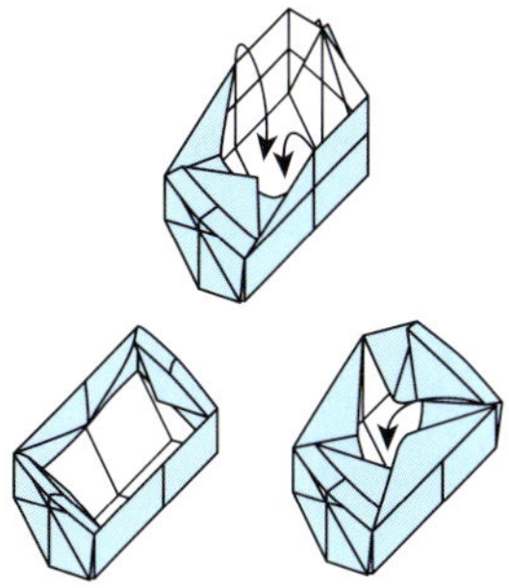

17 Drücken Sie dabei zuerst eine der schmalen Seiten nach innen, danach die anliegenden langen Seiten und zum Schluss die gegenüberliegende schmale Seite. Die Kante gut glatt streichen.

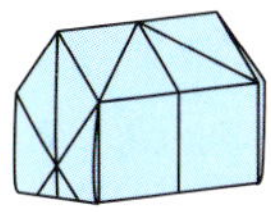

18 So sieht Ihr fertiges Modell aus.

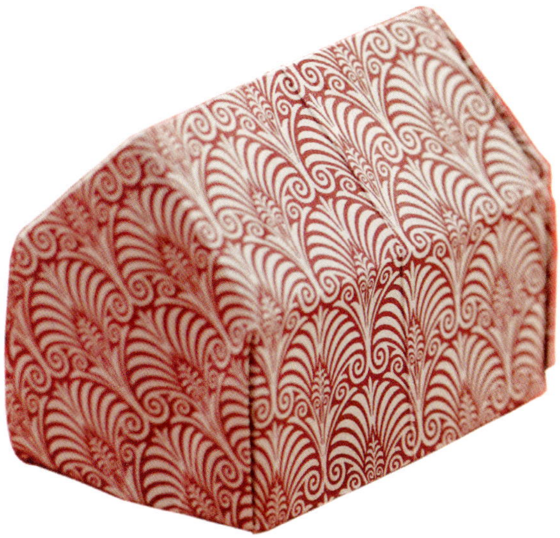

Nikolaus

Ho! Ho! Ho!

MATERIAL
PRO NIKOLAUS

- 1 Blatt Duo-Color-Papier in Rot-Weiß, wahlweise 7,5 cm x 7,5 cm, 2 cm x 2 cm

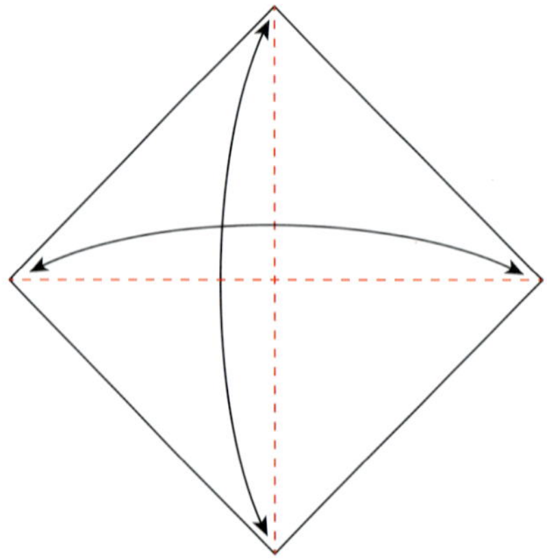

1 Die rote Seite des Papiers liegt unten. Falten Sie die angegebenen Talfalten und öffnen Sie diese Faltung wieder.

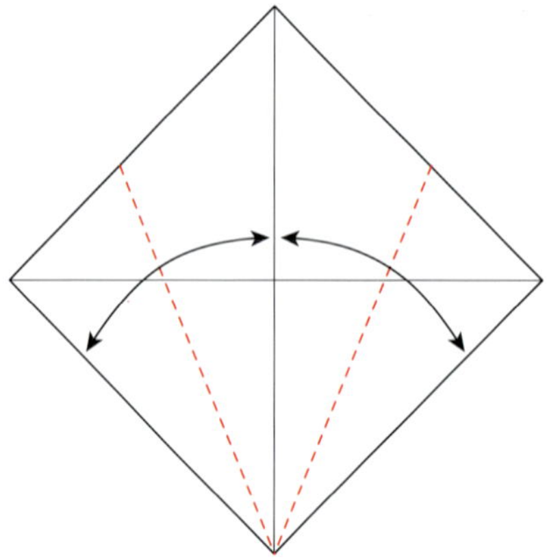

2 Legen Sie die linke und rechte untere Papierkante auf die Mittellinie und öffnen Sie auch diese Faltung wieder.

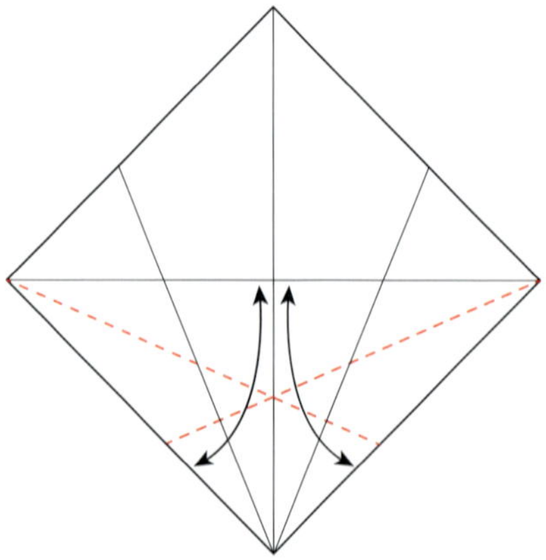

3 Falten Sie danach die rechte und linke untere Papierkante jeweils auf die waagerechte Mittellinie und öffnen Sie diese Faltung ebenfalls wieder.

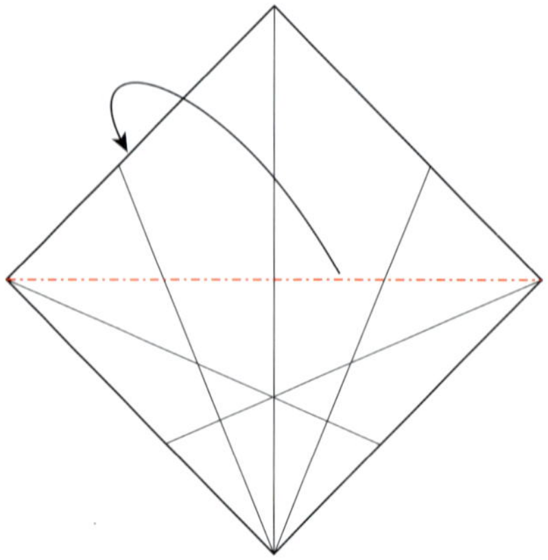

4 Klappen Sie die obere Hälfte des Papiers nach hinten.

Weiter geht es auf Seite 44.

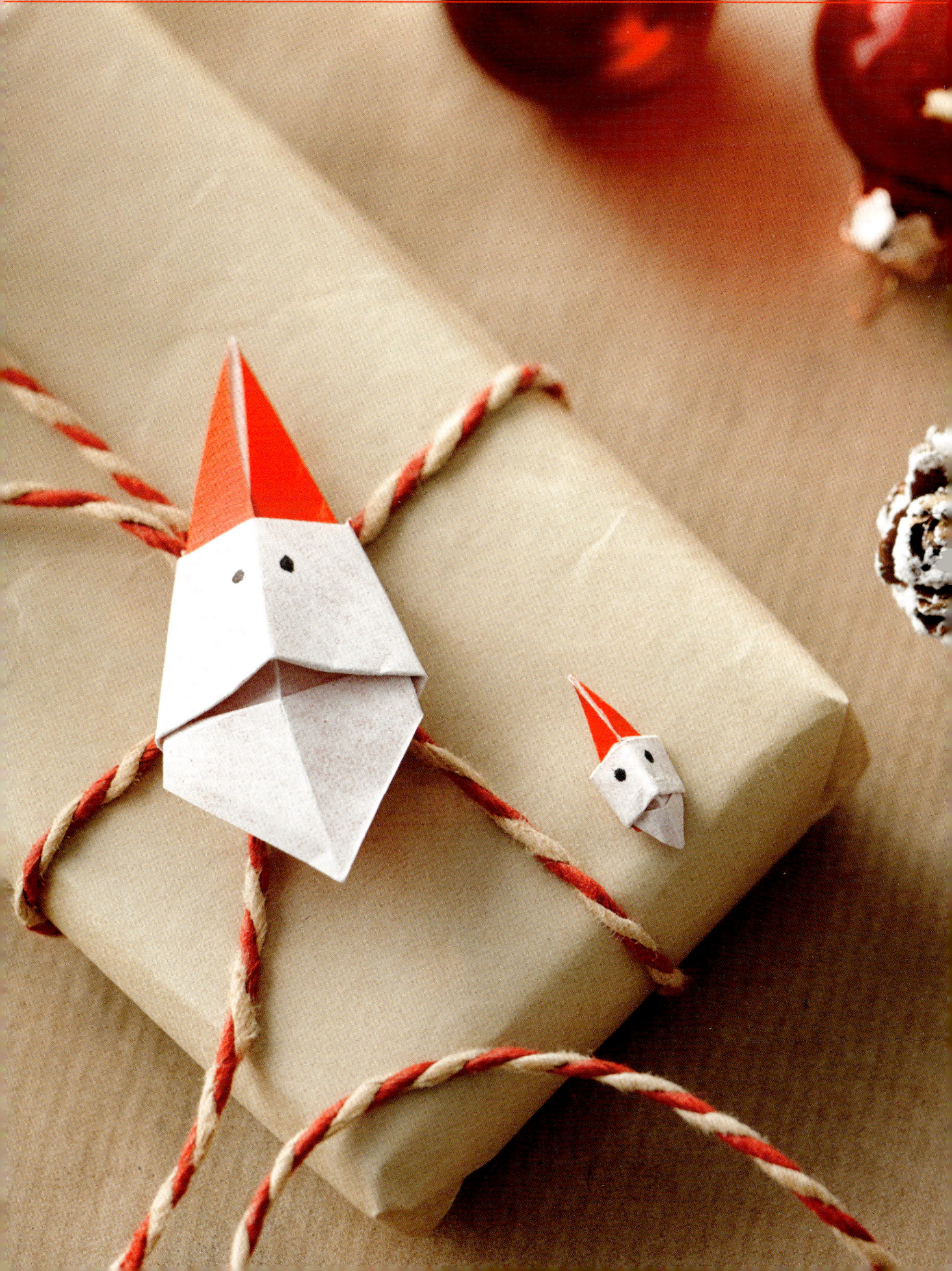

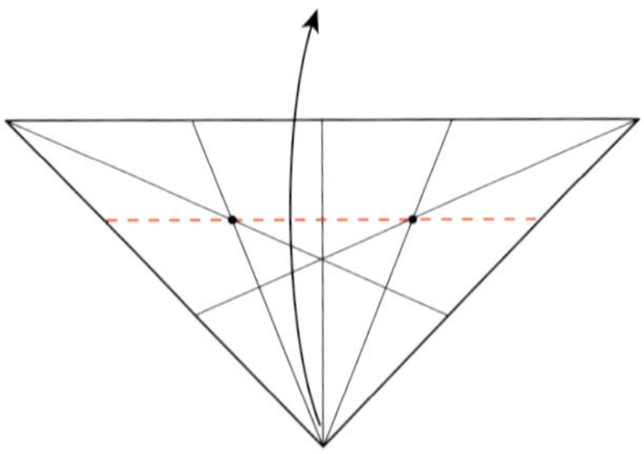

5 Die obere Lage der Spitze wird wie angegeben nach oben gefaltet. Achten Sie darauf, dass die Faltlinie durch die beiden markierten Punkte geht!

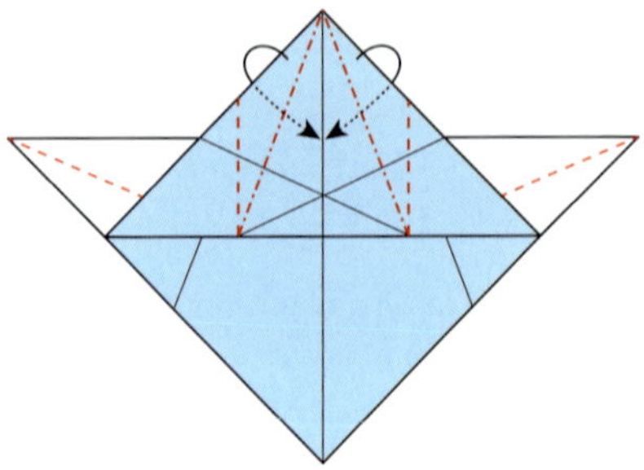

6 Schieben Sie die rechte und linke Papierkante der oberen Spitze nach hinten. Arbeiten Sie dabei zuerst die angegebenen Bergfalten, dies vereinfacht den Faltschritt.

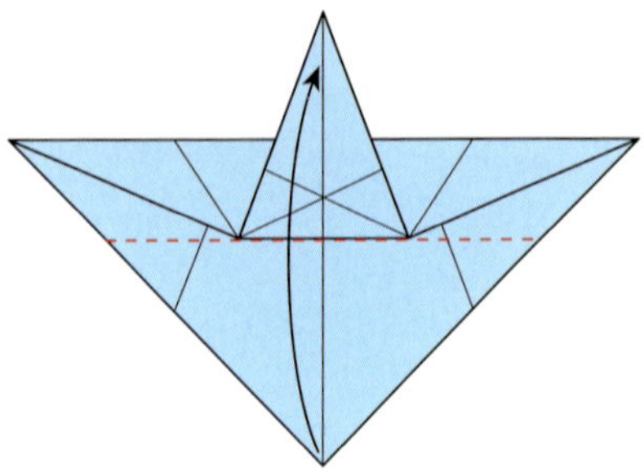

7 So muss Ihre Faltarbeit jetzt aussehen. Legen Sie die untere Spitze nach oben auf die obere Spitze …

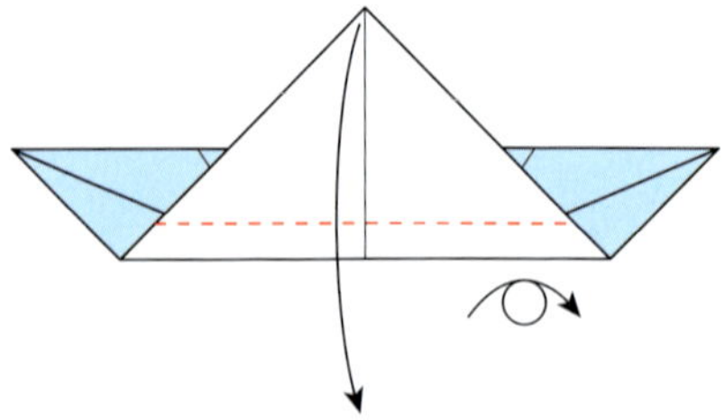

8 … und an der markierten Linie wieder zurück nach unten. Wenden Sie die Figur.

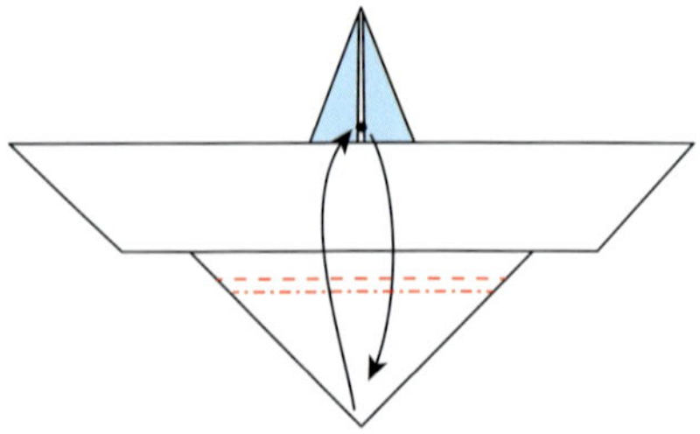

9 Falten Sie die untere Spitze nun mit einer Talfalte nach oben auf den markierten Punkt und mit einer Bergfalte wieder zurück nach unten.

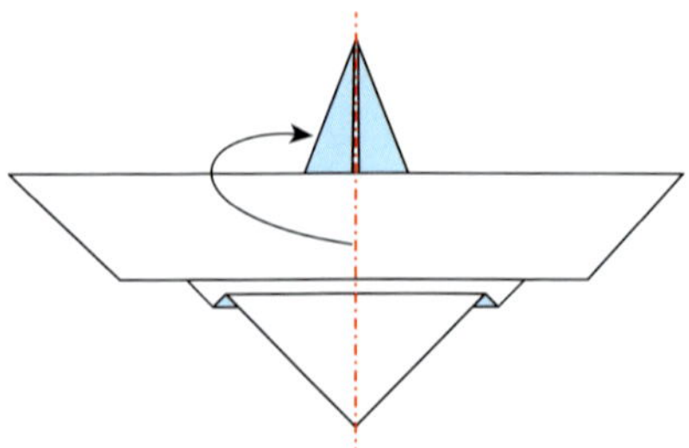

10 Klappen Sie die Figur an der senkrechten Mittellinie nach hinten zusammen.

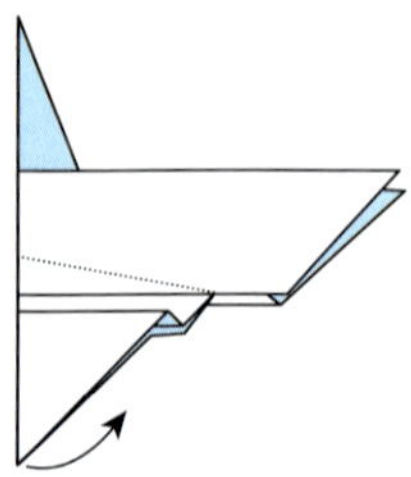

11 So liegt die Faltarbeit jetzt vor Ihnen. Schieben Sie die untere Spitze in Pfeilrichtung ein wenig nach innen, danach gut glatt streichen.

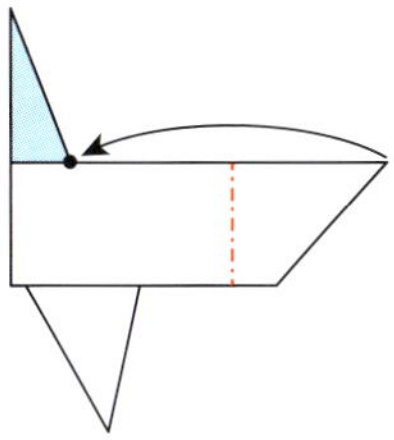

12 Die rechte Spitze wird auf den markierten Punkt nach hinten gefaltet.

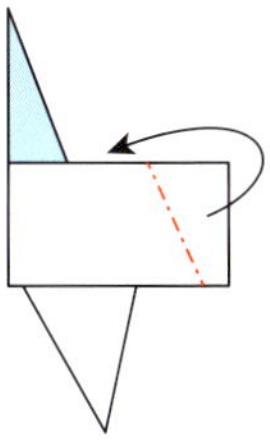

13 Im Anschluss falten Sie die rechte Papierkante wie dargestellt nochmals nach hinten.

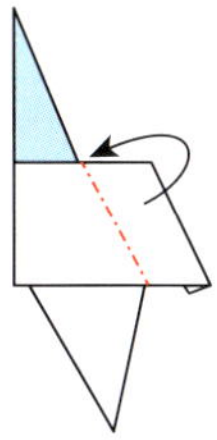

14 Nun die rechte Papierkante ein weiteres Mal nach hinten falten. Schritte 12–14 auf der Rückseite wiederholen.

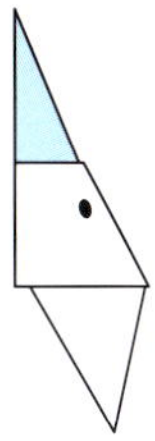

15 Setzen Sie mit Filzstift zwei Punkte als Augen.

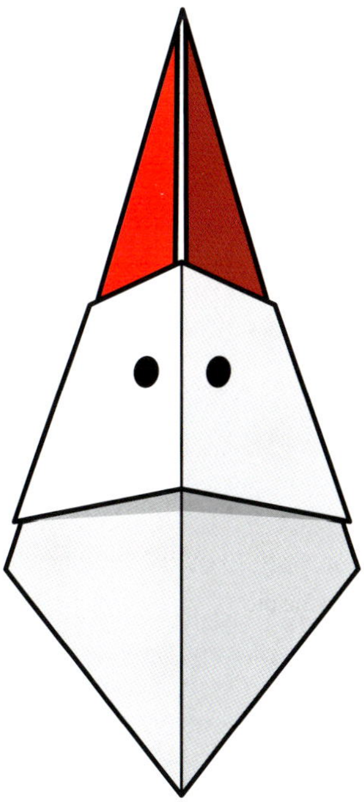

High Heel

hoch hinaus gestöckelt

MATERIAL PRO HIGH HEEL

- 1 Blatt Origamipapier in beliebiger Farbe, wahlweise 5,5 cm x 5,5 cm, 3,5 cm x 3,5 cm

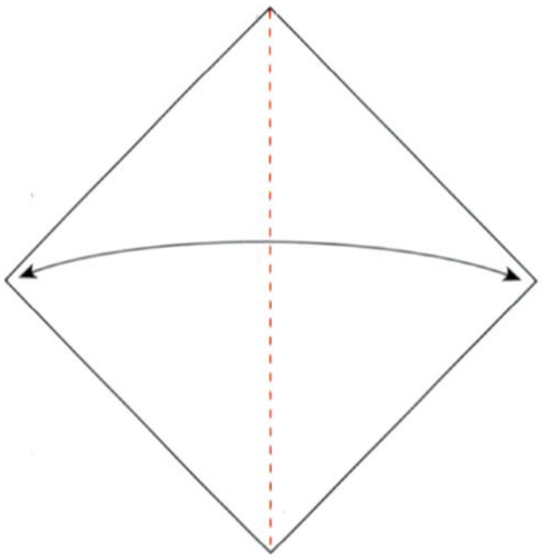

1 Die farbige Seite des Papiers liegt unten. Falten Sie die angegebene Talfalte und öffnen Sie diese Faltung wieder.

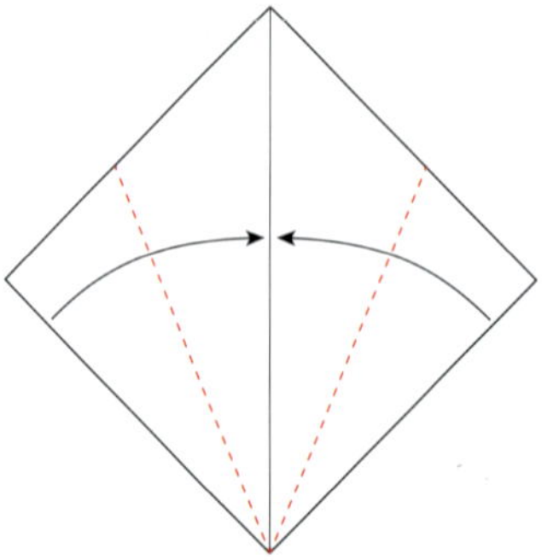

2 Legen Sie die linke und rechte untere Papierkante auf die Mittellinie.

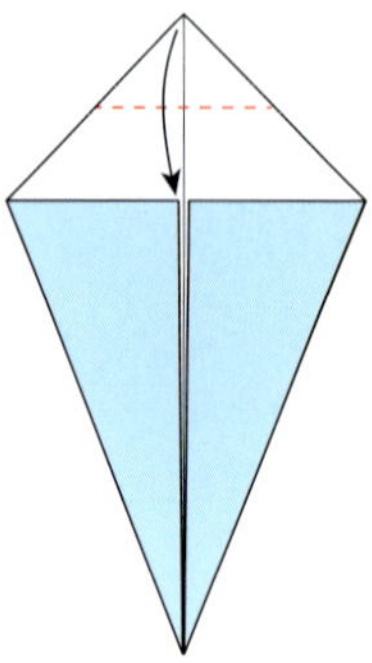

3 Die obere Spitze nach unten auf die mittlere Kante falten.

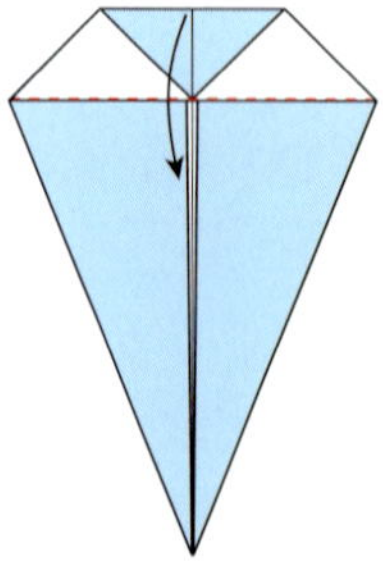

4 Danach den oberen Teil an der markierten Linie ebenfalls nach unten Falten.

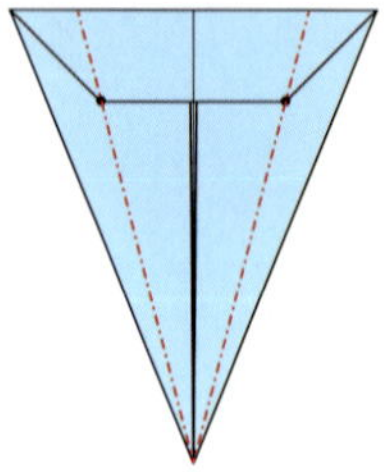

5 Die linke und rechte Papierkante an den markierten Linien nach hinten falten. Achten Sie darauf, dass die Bergfalte jeweils durch den markierten Punkt geht.

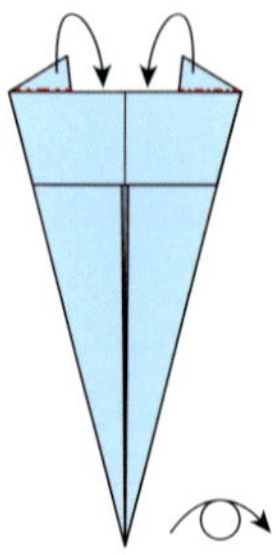

6 Die beiden kleinen oberen Ecken nach hinten umklappen. Wenden Sie die Figur.

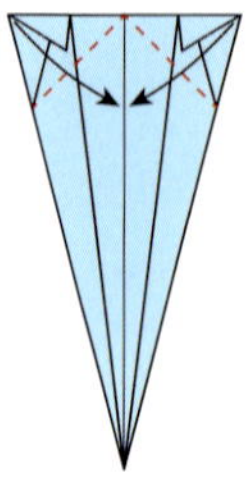

7 Falten Sie die linke und rechte obere Spitze auf die Mittellinie, dabei sollte ein kleiner Spalt an der Mittellinie bleiben.

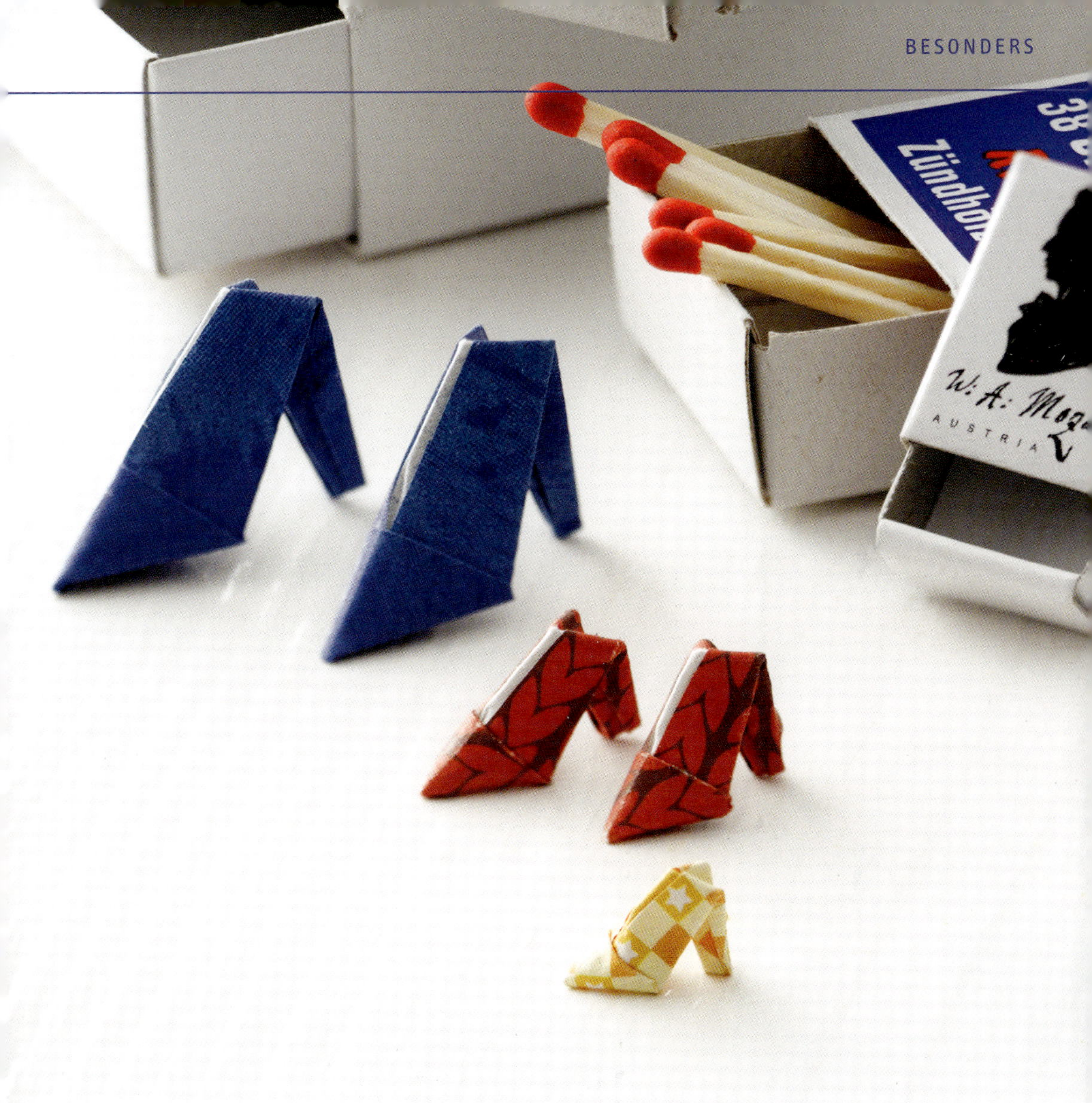

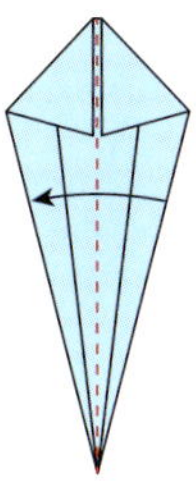

8 Klappen Sie die Figur an der senkrechten Mittellinie von rechts nach links zusammen.

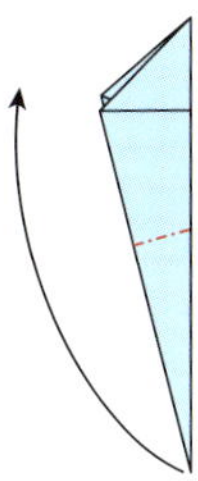

9 Falten Sie die untere Spitze an der markierten Linie nach vorne und legen Sie diese dann im Gegenknick schräg nach innen.

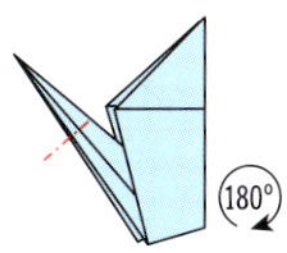

10 Nochmals die linke obere Spitze vorfalten und danach ebenfalls im Gegenknick ganz nach innen legen. Drehen Sie die Figur um 180° ...

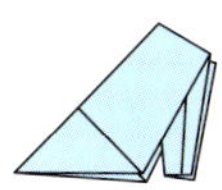

11 ... und stellen Sie den Schuh auf.

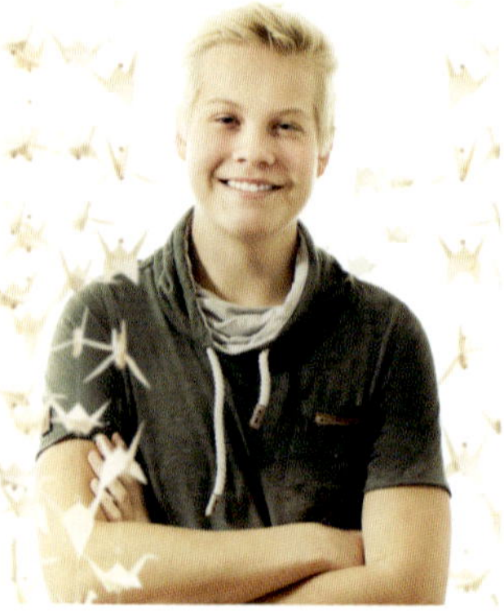

Christian Saile ist 1999 geboren und lebt im Raum Stuttgart. Seine große Leidenschaft von klein auf ist Origami. Seit seinem 11. Lebensjahr veröffentlicht er Origami-Bücher im frechverlag. Bei Fragen und Problemen können Sie sich gerne direkt an den Autor wenden: www.christian-saile.de.

TOPP – Unsere Servicegarantie

WIR SIND FÜR SIE DA! Bei Fragen zu unserem umfangreichen Programm oder Anregungen freuen wir uns über Ihren Anruf oder Ihre Post. Loben Sie uns, aber scheuen Sie sich auch nicht, Ihre Kritik mitzuteilen – sie hilft uns, ständig besser zu werden.

Bei Fragen zu einzelnen Materialien oder Techniken wenden Sie sich bitte an unseren Kreativservice, Frau Erika Noll.
mail@kreativ-service.info
Telefon 0 50 52 / 91 18 58

Das Produktmanagement erreichen Sie unter:
pm@frechverlag.de
oder:
frechverlag
Produktmanagement
Turbinenstraße 7
70499 Stuttgart
Telefon 07 11 / 8 30 86 68

LERNEN SIE UNS BESSER KENNEN! Fragen Sie Ihren Hobbyfach- oder Buchhändler nach unserem kostenlosen Magazin **Meine kreative Welt**. Darin entdecken Sie dreimal im Jahr die neuesten Kreativtrends und interessantesten Buchneuheiten.

Oder besuchen Sie uns im Internet! Unter **www.topp-kreativ.de** können Sie sich über unser umfangreiches Buchprogramm informieren, unsere Autoren kennenlernen sowie aktuelle Highlights und neue Kreativtechniken entdecken, kurz – die ganze Welt der Kreativität.

Kreativ immer up to date sind Sie mit unserem monatlichen **Newsletter** mit den aktuellsten News aus dem frechverlag, Gratis-Bastelanleitungen und attraktiven Gewinnspielen.

IMPRESSUM

FOTOS: frechverlag GmbH, 70499 Stuttgart; lichtpunkt, Michael Ruder, Stuttgart
PRODUKTMANAGEMENT UND LEKTORAT: Lisette Bremer, Magdalena Wassen, Tina Herud
GESTALTUNG UND ILLUSTRATIONEN: Atelier Schwab, Haselund
DRUCK: GPS Group GmbH, Österreich

1. Auflage 2018

ISBN 978-3-7724-4332-9 • Best.-Nr. 4332